TOPOGRAPHIQUES

DE LA

Commencée par Mr. le Maréchal d'ESTRE'ES,
continuée par Mr. le Duc de RICHELIEU,
& finie par Mgr. le Comte de CLERMONT:

AVEC LE

& quelques autres Morceaux fort curieux.

Ci-devant Ingenieur Géographe de Mr. le Comte de MAILLEBOIS, Maréchal Général des Logis de l'Armée. COLLECTION, dont tous les Plans ont été gravés sous les yeux de l'Auteur, & sus la direction du Sr. van der Schley, Eleve distingué du celebre Picart le Romain,

Chez la VEUVE VAN DUREN,

AVERTISSEMENT.

La présente COLLECTION contient, par ordre chronologique, les CAMPS suivans:

1 [illegible]
2 [illegible]
3 — [illegible]
4 — [illegible]
5 — [illegible]
6 — T[illegible]
7 — Winsdorff
8 — Harden[illegible]
9 — Rösch
10 — G[illegible]
11 — Retour de Hanovre
12 — Peine
13 — Cont[illegible]
14 de Detmol[d]
15 — Hom
16 — Heitersheim
17 — Coren[s]
18 — Lutzingen
19 — Haitersheim
20 — Born
21 — Q[illegible]
22 — Hal[e]
23 — Printzen
24 Bataille de Hassenbeck
25 de Goslitgen
26 — Quedlinff
27 — Minten
28 du Thieringen
29 — Lauten, Fauxbourg de Hameln
30 — Winsdorff
31 — Marienfee
32 — Roccald
33 — Röstem
34 — Wefton
35 — Finten
36 — Walle
37 — Rotenburg
38 — Gibem
39 — Clostra[illegible]
40 — Gibem, Camp de R[illegible]
41 — Wethen
42 de Giltau
43 — Empre
44 — Stocken
45 — Scheinde
46 — Peyne
47 — Retem
48 — Wolffenbuttel
49 — Andesheim
50 — Zillingen
51 — Halberstadt
52 — Zell
53 — Hannover
54 Camp de Retour
55 de Holstein [illegible]

Ces 56 Pièces sont suivis de quatre Morceaux interessans; sçavoir:

[illegible] de Bataille [illegible] de M[r] le Maréchal d'Estrées, où l'on voit la force & la composition [des] Armées & [illegible] des Colonels [illegible] leurs Noms, & le nombre des Pièces d'Artillerie.

[illegible] Armées Hanovrien[ne] & [Fr]ançoise, [illegible] à la Capitulation de Closter-[seven].

[illegible] Tableau, [pa]r M[r] le Prince Ferdinand de Brunswic; très détaillé; &

[illegible] Campagne [illegible] Wesel, après la Retraite d'Hanovre; où l'on voit tous les Noms des R[illegible] & les petites Batailles & d'Escadrons, dont chaque Endroit a été chargé.

A [2]

IL feroit trop long de relever de même le mérite de chacun des 56 CAMPS ci-deſſus énoncés, qui ont tous été levés topographiquement, & qui ſont des plus détaillés ; On ſe contentera d'obſerver, que, parmi ce nombre, il ſe trouve deux Morceaux fort curieux, & exécutés avec la plus grande exactitude. L'un eſt le *Paſſage du* Weſer *à* Corvey, & l'autre le *Paſſage de l'Aller à* Zell.

LE *premier* contient un Cours du *Weſer*, depuis *Hoxter* juſqu'à *Bevern*, avec le détail le plus circonſtan-cié d'une demie lieuë de Terrein, de chaque côté du Fleuve.

LE *ſecond*, qui eſt dans le même genre, offre, de plus, la Poſition de Mr. le Prince *Ferdinand*, vis-à-vis de *Zell*, & les différentes Attaques préméditées pour forcer ce Prince à abandonner ſon Camp, ou à com-battre.

POUR l'intelligence de ces PLANS ; on donne encore le *Journal des Operations*, tel qu'il a été envoyé, à la Cour, par MM. les Maréchaux d'*Eſtrées* & de *Richelieu*, & lequel rend compte des Poſitions reſpecti-ves des deux Armées, depuis le commencement de cette Campagne juſqu'à la Retraite d'*Hannovre*.

ON oſe ſe flatter que le Public n'aura pas de peine à reconnoître, qu'on n'a épargné ni ſoins ni dépenſes pour rendre ce Recueil digne de l'attention des Curieux, autant par ſa forme, que par ſon fond, qui eſt des plus autentiques.

JOUR-

JOURNAL des OPERATIONS

DE LA

CAMPAGNE de MDCCLVII, en WESTPHALIE.

MOIS d'AVRIL.

LE 1er M. le Prince de *Soubise*, à son arrivée sur la basse *Meuse*, ayant appris l'Evacuation de *Wesel*, a fait ses dispositions pour porter, dans les Duchés de *Cleves* & de *Gueldres*, les 4 Bataillons *Autrichiens*, qui sont dans *Ruremonde*, les premiers Régimens des Colonnes de l'Armée, qui arrivent à *Stockem*, *Linnick* & *Neuss*, & successivement les Troupes qui doivent suivre.

LE 3. Il a porté son Quartier Général de *Ruremonde* à *Neuss*, laissant, à M. le Comte de *Lorges*, Lieutenant Général, le Commandement de la gauche des Cantonnemens dans le Pays de *Cleves*, & à M. le Comte de *St. Chamaut*, Maréchal de Camp, celui des Troupes qui formeront le Blocus de *Gueldres*.

BLO-

BLOCUS de GUELDRES.

Bat.

Au Village de *Stralen*, occupant par Détachement, *Autrichien* 1
A celui de *Waldeck*, ... { Reg.t de *Salis* 2
A *Kevelaar & Wettem*, ... { . . . *Poitou* 2
A *Iſſum*, occupant *Neurick*, par Détachement, ... *Aquitaine* 2

Bat. 7

Les *Pruſſiens* ont laiſſé 800 hommes dans *Gueldres*, & ils ont formé, devant cette Place, une Inondation, qu'on aſſure très imparfaite en pluſieurs endroits.

Le Régiment de *Belzunce* eſt arrivé à *Neuſs*; les autres Troupes arriveront ſucceſſivement, & ſe porteront dans les Cantonnemens qui leur feront indiqués.

Le 4. On a appris la continuation de la Retraite des Ennemis, de *Weſel* ſur *Lipſtadt*.

Le 5. M. le Comte de *Chabót* eſt parti, avec un Détachement de *Volontaires Royaux* & de Huſſards de *Fiſcher*, pour aller à *Burick*. Son objet eſt de ſe faire rendre compte de toutes les Munitions de Guerre & de Bouche, que les *Pruſſiens* peuvent avoir laiſſées dans *Weſel*, de pourvoir à leur conſervation, & de faire tout preparer, dans cette Place, pour y recevoir la Garniſon *Françoiſe & Autrichienne*, qui doit en prendre poſſeſſion.

Un Détachement des *Volontaires Royaux* & de *Fiſcher*, a été pouſſé ſur la *Lippe*, pour

pour porter, dans le Pays, les Deffenfes de la fortie des Grains, de payer des Impôts au Roi de *Pruffe* &c.

On a appris que les Ennemis fe portoient de *Lipftadt* à *Rittberg*, Fief de l'Empire, appartenant à M. le Comte de *Caunitz*.

M. le Prince de *Soubife* a été aujourd'hui à *Duffeldorp*.

Le 6. M. le Général Major Comte de *Dombale* eft entré dans *Cleves*, avec 3 Batallions *Autrichiens*. Cette Ville avoit envoyé des Députés pour fe foumettre à la Domination du Roi.

Le 7. On a eû avis que les *Pruffiens*, après avoir vêcu à difcrétion dans le Comté de *Rittberg*, s'étoient emparés du Château, & avoient marché dans le Comté de *Ravensberg*.

Le 8. Les Troupes *Françoifes* & *Autrichiennes* font entrées dans *Wefel*. La Garnifon de cette Place eft compofée de 2 Bataillons *Autrichiens*, & de 2 de *Belzunce*: Elle fera augmentée, le 10, par les 2 autres Bataillons du même Régiment, &, le 11, par celui de *Reding*. M. le Comte de *St. Germain*, Lieutenant Général, commande dans *Wefel*.

Les nouvelles, qu'on a des Ennemis, font, que les *Hannovriens* ont demandé Paffage dans l'Evêché de *Hildesheim*, pour prendre des Quartiers le long du *Wefer*. Le Corps de 3000 *Pruffiens* eft encore dans *Ravensberg*, par où il a dirigé fa Marche.

Nôtre Détachement, qui étoit parti le 5, a fait enlever, à *Lunen*, dans le Comté de la *Mark*, fur la *Lippe*, à la requifition du Commiffaire Impérial, le Sr. *Cappel*,

qui

qui étoit en Correspondance avec M. de *Raesfeldt*, Préfident de la Régence à *Cleves*, & chargé de recevoir le reftant des Fonds dûs au Roi de *Pruffe*.

Le 10. M. le Prince de *Soubife* a fait partir un Détachement de 2500 hommes, aux Ordres de M. le Comte de *Maillebois*, Lieutenant Général, & de M. le Marquis de *Crillon*, Maréchal de Camp. L'objet de ce Détachement eft de paroître fur la *Lippe*, & de s'approcher de *Munfter*, intimidée par le Voifinage des *Pruffiens*.

Le 12. M. le Comte de *Maillebois* eft allé, avec fon Détachement, le 10, à *Dorften*, le 11, à *Halteren*, le 12, à *Dulmen*, où il a laiffé la principale partie de fes Troupes, & il s'eft porté, avec 200 *Volontaires Royaux*, & 100 Huffards de *Fi-fcher*, jufqu'à *Bulderen*, à 4 lieues de *Munfter*; Il y a conferé, fur l'état de cette Ville, avec un des principaux Membres de la Régence, & avec M. *Rebiner*, Aide Maréchal Général des Logis de l'Armée *Françoife*, qui y refide. M. de *Maillebois* avoit précedemment écrit une Lettre requifitoriale, à la Régence, pour demander qu'il fût libre, aux Troupes *Françoifes*, d'entrer dans le Pays de *Munfter*, & qu'il fût pourvû, de concert, aux arrangemens de fubfiftance pour les Troupes du Roi, dans l'étendue de cet Évêché; A cet effet, il a été envoyé, à *Wefel*, des Commiffaires de la Régence.

Le 14. M. de *Maillebois* eft revenu, de fa Perfonne, hier à *Halteren*, & aujour-d'hui à *Wefel*. Il a laiffé, par Echellons, fur la *Lippe*, les Troupes de fon Détache-ment, aux Ordres de M. le Marquis de *Crillon*.

Les nouvelles, que nous avons eu des Ennemis, font, qu'ils paroiffent vouloir fe

foû-

foûtenir fur *Lipftadt*, & que les *Hannovriens* font en Mouvement pour s'affembler fur le *Wefer*.

LE 15. Sur la confirmation qu'on a eû des Mouvemens des Ennemis fur le *Wefer* & la haute *Lippe*, M. le Prince de *Soubife* s'eft déterminé à porter en avant un Corps de 10 Bataillons & 4 Efcadrons, commandé par M. le Comte de *St. Germain*, qui aura à fes Ordres MM. de *Crillon* & de *Rougé*, Maréchaux de Camp.

Il ne s'eft rien paffé d'intéreffant les quatre jours fuivans.

LE 20. Les nouvelles, qu'on a eû des Ennemis, font, qu'ils fe foûtiennent toûjours à *Lipftadt*, & qu'ils continuent leur Marche fur le *Wefer*.

En conféquence M. le Prince de *Soubife* a pris le parti de porter en avant un Corps, dont l'objet eft de prevenir les Ennemis à *Munfter*. M. le Prince de *Beauveau* s'eft mis en Marche, à cet effet, avec 6 Bataillons, 4 Dragons, 5 Huffards de *Fifcher*, & 100 hommes du *Corps Royal*. Ce Détachement eft deftiné à entrer dans *Munfter*, où l'on efpère qu'il fera le 24. Il s'y trouvera foûtenu par le Corps, que M. de *St. Germain* a porté fur la *Lippe*, dont la tête eft à *Lunen* & Poftes avancés.

LE 22. M. le Comte de *St. Germain* s'eft avancé jufqu'à *Ham*, & fon Détachement occupe différens Poftes fur les deux Rives de la *Lippe*.

LE 23. Les Ennemis continuent de tenir *Lipftadt*. M. le Prince de *Soubife* a jugé à propos de renforcer le Corps que commande M. de *St. Germain*. En conféquence il a fait marcher, entre la *Lippe* & le *Rohr*, 8 Bataillons & 2 Efcadrons; ils font dirigés fur *Lunen*, *Dortmund* & *Schweert*.

B

LE

Le 24. M. le Prince de *Soubife* a envoyé, à M. de *St. Germain*, un Détachement du *Corps Royal*, & 6 Pieces de Canon de 12 liv.

Le 25. On a appris, à 4 heures du foir, que les Ennemis avoient évacué *Lipftadt*; ils fe font auffi retirés du Comté de *Rittberg*, après en avoir ruiné le Château.

M. le Comte de *St. Germain* paroît dans l'intention de faire occuper *Lipftadt*,
par les 4 Bataillons du Régiment de *Belzunce*.

Le 29. M. de *St. Germain* eft entré, le 25, dans *Lipftadt*. Les Ennemis continuent leur Retraite fur le *Wefer*.

M. le Maréchal d'*Eftrées* arriva avant-hier 27, à 4 heures du foir. On lui remit,
à fon arrivée, un Tableau de la difpofition de fon Armée. 10 Bataillons & 20 Efcadrons font cantonnés entre la *Meufe* & le *Rhin*. 34 Bataillons & 16 Efcadrons ont
été portés au-delà du *Rhin*, fur la *Lippe*, à *Munfter*, & dens le Duché de *Berg*.
Le refte des Troupes arrivera fucceffivement.

M. le Maréchal d'*Eftrées* a décidé, à fon arrivée, qu'on feroit inceffamment le Siège
de *Gueldres*, s'il eft poffible, & il y deftine 17 Bataillons, qui fe mettront en marche, à cet effet, le 1ᵉʳ *May*. M. d'*Armentieres* commandera le Siège, & aura, à fes
Ordres, MM. le Comte d'*Orfick*, le Marquis de *Dreux*, le Comte de *Spaar*, le
Chevalier de *Maupou*, de *Leyde*, & le Duc *Dantin*, Maréchaux de Camp.

Les Régimens de Cavalerie des Colonnes, qui font parties de *Maubeuge*, *Valen-
ciennes* & *Sedan*, doivent être dirigés fur *Ruremonde*, où ils formeront un Camp de

Escadrons. Le premier de ces Régimens arrivera à sa destination le 6 Juin, & le dernier le 22.

Les Officiers Généraux de ce Camp sont, M. le Duc de *Chaulnes*, Lieutenant Général, MM. de *Barbançon*, de la *Guiche*, de *Verteil*, & de *Lostick*, Maréchaux de Camp.

MOIS DE MAY.

De *Wesel*, le 5. M. le Prince de *Soubise* est parti hier pour aller joindre sa Réserve à *Hau*.

On y fait passer aujourd'hui 10 Pièces de Canon, avec un Détachement du *Corps Royal*.

M. le Marquis d'*Armentieres*, qui étoit venu ici, est retourné à *Gueldres*, pour y déterminer les dernières dispositions du Blocus de cette Place ; Il en laissera le Commandement à M. de *Beausobre*, Maréchal de Camp, qui aura, à ses Ordres, les Régimens de

	Bat.
Los Rios	1
Perigord	1
Lowendahl	2

	Bat. 4

M. de *St. Germain* occupe toûjours les mêmes Postes.

M. le Maréchal, ayant eû avis que les Ennemis faisoient quelques Mouvemens, a fait avancer de nouvelles Troupes sur la *Lippe*. Il fait ses dispositions pour se porter en avant, aussi-tôt que les circonstances l'exigeront, & que les subsistances pourront le permettre.

Sur les avis certains, qu'on eût avant-hier, à *Warendorff*, dans l'Evêché de *Munster*, que les Ennemis étoient au nombre de 300, tous Cuirassiers *Hannovriens*, du côté de *Marienfeld*, on a envoyé, pour les reconnoître, un Détachement de 25 Hussards, commandés par M. le Marquis de *Marsin*, Capitaine du Corps des Chasseurs de *Fischer*, & 25 Grenadiers à cheval, commandés par M. le Comte de *Clery*, Capitaine du même Corps. Ils apprirent, en passant à *Greffen*, à 2 lieues de *Warendorff*, que les Ennemis en sortoient, après y avoir commis beaucoup de desordres; Ils les suivirent en ordre, & M. de *Marsin* les atteignit, avec ses Hussards, dans *Harswinckel*; Ils étoient au nombre de 120. Alors s'étant apperçu qu'ils faisoient des dispositions d'attaque, &, se sentant soûtenu par M. de *Clery*, il les prevint, & les chassa du Village.

Au sortir de ce Village, environ à mille pas, les Ennemis se mirent en Ordre de Bataille. M. de *Marsin* en fit autant, de même que M. de *Clery*: Ils les attaquèrent, l'un & l'autre, avec tant de vigueur, qu'ils les mirent en fuite, leur tuèrent 35 à 40 hommes, y compris un Officier, & leur firent 10 Prisonniers, parmi lesquels il y a un Officier.

M.

M. de *Marfin* a été bleſſé ; mais il n'y a pas eû un homme de tué. De nôtre
coté, il y a eu beaucoup de chevaux bleſſés.

De *Lipſtadt*, le 6. M. le Prince de *Soubiſe* eſt venu aujourd'hui de *Lipſtadt* à *Ham*.
Il a viſité la Place & les Travaux, que M. le Comte de *St. Germain* y fait faire.
Les Troupes de la Garniſon y travaillent avec toute la bonne volonté & tout le
ſuccès poſſibles.

Il y a actuellement 10 Bataillons dans la Place, à portée d'y entrer, ſi on le
jugeoit à propos.

On n'a point de nouvelles que les Troupes campées près de *Bielefeldt*, & cantonnées dans les environs en deça du *Weſer*, ſoyent augmentées. Quelques-unes
de ces Troupes ſont cantonnées à *Rittberg*.

Le 9. On a eu avis que M. le Duc de *Cumberland*, avec environ 10000 hommes, s'étoit avancé juſqu'à *Bielefeldt*, & que ce Corps pouvoit être renforcé par pluſieurs Régimens *Hannovriens*, qui ont pris des Cantonnemens en deça du *Weſer*. Sur
cette nouvelle, M. le Maréchal a fait marcher les 6 Bataillons, qui étoient à *Dorſten* & *Halteren*, pour les mettre plus à portée de ſoûtenir les Poſtes qu'occupe M.
le Prince de *Soubiſe*. Il a en même-tems donné des Ordres pour faire paſſer le
Rhin à une partie des Troupes de ſon Armée, qui formeront des Camps près de
Halteren, de *Dorſten* & de *Weſel*.

Celui de *Dorſten* eſt aujourd'hui de 11 Bataillons, & celui de *Weſel* de 13 Bataillons & 12 Eſcadrons. Il ſera augmenté par l'arrivée ſucceſſive des Régimens.

B 3

O.

On vient d'apprendre que M. le Prince de *Soubise* avoit été, de *Ham*, visiter la Ville de *Lipstadt*.

Le 11. On a eû avis que les Ennemis s'étoient portés sur *Wersmel*, Village du Comté de *Ravensberg*, & qu'ils avoient poussé des Détachemens jusqu'à *Rheda*. Comme cette nouvelle position les approche de *Munster*, M. le Maréchal a fait avancer, sur *Halteren*, le Corps qui étoit campé, à *Dorsten*, aux Ordres de M. de *Villemur*. Ce Corps se réunira aux Troupes du Camp de *Halteren*, pour se porter demain sur *Husdulmen*.

M. le Maréchal se propose de se porter à *Dulmen*, avec le Camp de *Wesel*, si les Ennemis faisoient des Mouvemens plus décidés.

Le 17. Les *Grenadiers de France*. dont moitié formoit une partie de la Garnison de cette Ville, ont été camper, avant-hier, en seconde Ligne, avec les *Grenadiers Royaux d'Anlan*.

Le Camp de *Wesel* est composé actuellement de 26 Bataillons & 16 Escadrons, outre le Bataillon de *la Motte*, qui y est venu camper aujourd'hui. On établit en même-tems le Parc d'Artillerie.

Le Régiment *du Roi*, Infanterie, vient demain camper à *Burick*, pour travailler au Retranchement de la Tête du Pont.

Les Camps de Cavalerie de *Dusseldorp* & de *Ruremonde* se rassemblent successivement.

Les Ennemis n'ont fait aucuns Mouvemens depuis quelque tems, & la Reserve
de

de M. le Prince de *Soubife* occupe toûjours les mêmes Quartiers. Cette tranquilité, & l'état de nos fubfiftances, ont engagé M. le Maréchal à garder encore quelque tems fon Camp de *Wefel*, & ne fe porter en avant qu'au moment où il le croira abfolument néceffaire.

Il a fufpendu la Marche du Corps aux Ordres de M. le *Villemur*, qui eft campé à *Dulmen*, & qui doit quadrer avec les autres Mouvemens des Troupes.

M. le Marquis de *Laval*, Maréchal de Camp, eft toûjours campé à *Halteren*, avec 6 Bataillons & 6 Efcadrons.

De *Munfter*, le 26. M. le Duc de *Cumberland* a porté, depuis quelques jours, dans l'Evêché de *Paderborn*, un Corps, qui eft campé entre *Neuhaus* & *Paderborn*; Il a laiffé les Régimens *Pruffiens* à *Bielefeldt*, & le gros de l'Armée eft campé à *Brackwede*. Le Pofte de *Rittberg*, qu'il continue d'occuper, lui fert à couvrir la communication de fon Armée, avec le Corps qui eft près de *Paderborn*.

Ces nouvelles ont engagé M. le Maréchal à faire faire un Mouvement général à fon Armée. M. le Prince de *Soubife*, qui étoit à *Ham*, avec fa Referve, s'eft porté à *Lipftadt*, & il a été remplacé par les 6 Bataillons que M. de *Muy* avoit à *Dortmund*, & 5 de ceux que M. de *Laval* commandoit à *Halteren*.

M. de *Villemur* a marché à *Munfter*, avec le Corps qui a été campé à *Husdulmen*, & il a été joint aujourd'hui par 18 Bataillons, partis du Camp de *Wefel*; 16 Efcadrons du même Camp arriveront auffi, à *Munfter*, le 28, & le refte des Troupes, demeurées à *Wefel*, aux Ordres de M. Duc d'*Orleans*, s'eft mis en marche le 25, pour faire le même Mouvement.   Lʟ

Le Camp de *Munfter* eft placé fur plufieurs Lignes, entre la Ville & la *Wers.* M. le Maréchal a établi fon Quartier Général à *Munfter*; Il y eft arrivé, de fa Perfonne, le 25; Il a paffé par *Dorften* & *Halteren*, pour reconnoître cette partie de la *Lippe.* Il a envoyé Ordre, à M. le Duc de *Briffac*, qui commande le Corps de Cavalerie campé à *Neufs*, de marcher à *Wefel*, ou il arrivera le 29 & le 30.

Celui de *Ruremonde* gardera fa Pofition encore quelques jours.

M. le Comte de *Maillebois* eft revenu hier d'une tournée que M. le Maréchal lui a fait faire fur l'*Ems*, en deça & en delà de cette Rivière, depuis *Telligt* jufqu'à *Widembrug*, dans laquelle il a reconnu la Pofition des Ennemis, & ouvert les Marches, dont M. le Maréchal aura befoin, pour les Mouvemens qu'il fe propofe de faire dans quelques jours.

Le 31. Toutes l'Armée fera raffemblée, le 3 *Juin*, en avant de *Munfter*. Les Troupes legères, & différens Détachemens bordent l'*Ems*. Les Partis, qui font en avant de cette Rivière, facilitent la reconnoiffance du Pays, & obfervent les Mouvemens de l'Ennemi, qui eft toûjours à *Brackwede* & à *Paderborn*. Il fe retranche dans la première Pofition, &, felon les apparences, ces Corps fe rapprocheront au moment que l'Armée de *France* fera en mefure. La Referve, compofée de 26 Bataillons, & 18 Efcadrons, eft toûjours à *Lipftadt*, d'où elle peut joindre la grande Armée en une Marche, lorfque celle-ci prendra fa Pofition.

MOIS

MOIS de JUIN.

De *Warendorff*, le 5. L'Armée Auxiliaire en *Westphalie* a marché le 3, le 4 & le le 5, pour se rassembler, sur l'*Ems*, en plusieurs Corps, la Droite à *Widembrug*, la Gauche à *Telligt*, le Centre à *Warendorff*. Les pluyes affreuses, qu'il a fait, ont rendu les Communications impraticables, ce qui a retardé la Marche de la Reserve, ensorte que le Mouvement général ne sera totalement exécuté que le 6 ou le 7. Les *Hannovriens* sont campés à *Brackwede*; ils tiennent *Rittberg*. Attaquera-t-on ce Poste? sera-t-il laissé en avant ou en arrière? c'est ce qui n'est pas encore déterminé; Ii est plus vraisemblable qu'il sera abandonné; Cependant, par les Nouvelles arrivées hier au soir, il paroît que les Ennemis y ont jetté un Convoi de Viande salée.

Il y a quelques jours qu'un Parti de 20 hommes du Régiment de *Bentheim*, commandé par un Lieutenant, envoyé pour tirer des Fourages dans *Tecklenbourg*, a été surpris & enlevé dans cette Ville; il s'en est seulement sauvé 6 hommes.

Le 6. M. le Maréchal a porté son Armée sur l'*Ems*, où elle est campée en différens Corps, dont les Mouvemens ont été successifs.

La première Ligne est partie, de *Munster*, le 3, pour aller camper à *Telligt*, & le 4 à *Warendorff*. La seconde Ligne est arrivée le 5 au même Camp.

La Reserve, composée de 8 Bataillons de Grenadiers, & d'un Régiment de Dragons, est demeurée à *Telligt*, & le Corps, qui étoit à *Ham*, aux Ordres de M. le Chevalier de *Muy*, s'est mis en Marche le 2, & campe aujourd'hui à *Hertzbrock*.

C

La

La pluye abondante & continuë, qu'il a fait depuis quelques jours, a rompu la plus grande partie des Communications & des Ponts, qui avoient été faits pour les différentes Colonnes de l'Armée. Ces obstacles, joints à la nature du Pays, ont rendu sa Marche très pénible.

Le Corps des *Hannovriens* & des *Heffois*, qui étoit auprès de *Paderborn*, s'est réuni au gros de l'Armée, qui est toûjours campée à *Brackwede*, &, depuis cette jonction, M. le Maréchal a envoyé en avant plusieurs gros Détachemens pour les observer, & reconnoître leur Position.

De *Hertzbrock*, le 10. L'Armée s'est mise en Marche pour venir, de *Warendorff* ici, sur deux Divisions; la première est arrivée d'hier dans ce Camp, & la seconde aujourd'hui. M. le Prince de *Soubise* est arrivée avant-hier, avec la Reserve qu'il commande, à *Widembrug*, où ses Troupes sont campées, & presque réünies avec le Corps de l'Armée, sa Gauche s'approchant de *Rheda*, & nôtre Droite en étant à environ trois quarts de lieuë.

M. le Maréchal a été hier à *Rheda*, où il avoit donné Rendez-vous avec M. le Prince de *Soubise*, pour se concerter, avec lui, sur les Mouvemens de son Armée, & il a été reconnoître le Camp qu'il se propose d'aller occuper demain, en avant de *Widembrug* & de *Rheda*.

En y arrivant, M. le Maréchal a appris l'Evacuation de *Rittberg*. Les Ennemis y avoient 1500 hommes, qui se sont retirés pendant la nuit. Les Détachemens, & les Volontaires de la Réserve de M. le Prince de *Soubise*, s'y sont portés sur le champ.

Nos

[illegible] Compagnie de Volontaires; & le Corps de *Fischer* font toujours difperfés en [illegible] à-peu-près, de l'ennemi. Le Corps de *Fischer*, qui occupoit [illegible], y a été attaqué, la nuit du 8 au 9, par 4 Compagnies de [illegible] *Hanovriens* chacune, & environ [illegible] Chevaux. Une Compa-[illegible] *Chaffeurs*, & une Compagnie de Grenadiers feulement, foûtinrent l'attaque, [illegible] un feu fi [illegible], & fi heureux, qu'ils les obligèrent de fe retirer avec précipi-[illegible]. Le Commandant de l'Infanterie du Détachement a été tué, & ils ont eu [illegible] de Bleffés. M. *Fischer* a perdu le Capitaine de la Compagnie de Chaffeurs, & [illegible] Grenadiers, & il a eu un Lieutenant & deux Soldats bleffés.

[illegible] *Kloss*, le [illegible] M. le Maréchal ayant prié M. le Prince de *Soubife* de recon-[illegible] la Gauche de la Pofition des Ennemis, fut, le 12, à *Neukirchen*, pour con-[illegible] fa [illegible] reconnoiffance, & il fut réfolu de marcher fur le Flanc gau-[illegible] de l'Ennemi, fitôt que cela feroit poffible. Le jour fut pris au 11: mais les [illegible], aufquels M. le Maréchal avoit ordonné de fe porter à droite [illegible] Pofition ayant fait croire, à M. le duc de *Cumberland*, qu'on [illegible], ce Prince a décampé, hier 13, à 4 heures après midi.

[illegible] *Fischer*, foûtenu par un Détachement de [illegible] Dragons, aux Ordres [illegible], a marché fur la Droite des Ennemis à *Hervorden*; on ne fçait [illegible] Colonne [illegible] Volontaires, foûtenus de 8 Compagnies de Grena-[illegible] près à *Bunenfeldt*. Les *Volontaires Royaux* étoient à *Guttersloh*, [illegible] Détachement de *Turpin* s'étoient avancés à *Holte*. Auffi-tôt que l'on fut informé de la Marche des Ennemis, M. le Maréchal fit commander 10 Piquets, 10 Compagnies de Grenadiers, & 300 Chevaux, aux Ordres de M. le Prince de *Beauveau*, pour soûtenir les *Volontaires Royaux*, qui marchèrent toute la nuit, &, au point du jour, ils attaquèrent un Détachement, que les Ennemis avoient laissé à *Bielefeldt* pour couvrir leur Marche. M. de *Chabot* s'est comporté avec une grande distinction. Il a forcé ce Poste, a eû 5 Officiers tués ou blessés, & plusieurs Volontaires. Les Ennemis, obligés de se retirer, ont abandonné quelques Équipages; on leur a fait plusieurs Prisonniers, & tué environ 100 hommes.

Quelque diligence qu'ait fait M. le Prince de *Beauveau*, il n'est arrivé qu'à la fin de l'action, & il mande, de *Bielefeldt*, qu'il va continuër d'observer la Marche des Ennemis, en s'avançant à moitié chemin de *Hervorden*, dont l'Armée Ennemie a pris le Chemin.

M. de *Soubise* avoit détaché, en même tems, M. le Comte de *Lorges*, avec 12 Compagnies de Grenadiers & 200 Chevaux, qui sont arrivés après l'Action.

Le 17. Les Détachemens, qui ont suivi l'Arrière-Garde des Ennemis, l'ont attaqué à *Bielefeldt*, & l'ont harcelé jusqu'à *Hervorden*, petite Ville fermée de Murs, avec des Fossés & un Rempart. Les Ennemis y avoient laissé un gros Détachément, qui a tenu ferme; Une partie des Volontaires, s'étant avancés trop près de cette Ville, qui étoit soûtenuë de l'Arrière-Garde entière, y a perdu 15 hommes, tués ou blessés. En tout, nôtre perte ne monte pas à 30 hommes, dont 5 Officiers. Celle des Ennemis doit être plus considérable. Le Fils du Général *Junckheim*, *Prussien*, a été tué. Les

Trou-

Troupes de *Fifcher* ont pris quelques Bagages. On a trouvé, dans le Camp des Ennemis, une grande quantité d'Eau-de-Vie, des Farines, du Fourage, & d'autres effets, dont le détail n'eft pas connu.

Toute l'Armée *Hannovrienne* a pris le Chemin de *Rhemen* & de *Vlothaw*, où elle a des Ponts fur le *Wefer*. Nos Partis, n'ayant pu fe porter au-delà de *Hervorden*, & ceux qui ont été détachés, par le côté de *Lemgow*, n'ayant pas encore donné de leurs Nouvelles, on ne fçait point au jufte leur Pofition.

Nous avons environ 100 Prifonniers, dont un Officier. Il a paffé plus de 180 Déferteurs à *Rheda*, & plus de 300 par l'Evêché d'*Ofnabrück*.

On a appris hier, que M. le Comte de *Lorges* étoit entré dans *Hervorden*, que les Ennemis ont évacué. Le même jour, M. le Prinfe de *Soubife* eft parti, avec M. de *St. Germain*, pour fe rendre à *Paris*.

La Referve, qui étoit aux Ordres de M. le Prince de *Soubife*, a été refonduë dans la grande Armée, & M. le Maréchal fe propofe de former plufieurs Corps feparés, pour faciliter fes Opérations ultérieures.

L'Armée *Hannovrienne* a repaffé le *Wefer*, & il ne refte plus, en-deça, que quelques Détachemens, fuivant ce que mande M. de *Loftanges*, qui a vu leur Camp. Leur Droite tire vers *Minden*, & il eft vraifemblable que cette Armée fe difperfera en plufieurs Corps d'Obfervation.

De *Bielefeldt*, le 25. L'Armée s'eft portée en deux Marches, du Camp de *Rheda*, à celui de *Bielefeldt*, où elle eft campée fur deux Lignes, la Ville de *Bielefeldt* dans le Centre.

C 3

La

La Réferve de M. d'*Armentieres* a été portée à *Urlinkhaufen*, couvrant la Droite de l'Armée, & celle de M. le Duc de *Broglie* a marché de *Ravensberg* à *Engheren*, pour couvrir la Gauche, & obferver la Droite des Ennemis vers *Minden*.

Leur Armée eft toujours dans la même Pofition. Il y a eu plufieurs Détache-mens, que M. le Maréchal a ordonnés pour la reconnoître, & qui fe font portés jufqu'à *Rhemen* & *Vlothaw*. Le dernier étoit aux Ordres de M. de *Berchiny*, qui a marché en avant de *Hervorden*, & a pouffé deux autres Détachemens fur *Rhemen* & *Vlothaw*, pour favorifer la Promenade de M. le Maréchal & des Princes, qui out été réconnoître la Pofition des Ennemis.

Il y a eu quelques Efcarmouches entre les Avant-Gardes des deux Parties.

MOIS DE JUILLET.

De *Bielefeldt*, le 5. M. le Maréchal à détaché, le 1ᵉʳ de ce Mois, MM. de *Souvré* & de *Chevert*, qui ont marché à *Lemgow* & à *Hervorden*, avec des Inftruc-tions particulières.

M. le Duc d'*Orleans* eft parti cette nuit, avec 23 Bataillons & 22 Efcadrons, pour foutenir un Corps avancé.

La Réferve de M. d'*Armentieres* a fait un Mouvement fur fa Droite, & celle de M. de *Broglie* eft reftée dans la même Pofition. Il vient d'arriver un Officier, de-pêché par M. d'*Auvet*, Maréchal de Camp, qui a été envoyé en *Ooft-frife*, avec un
Déta-

Détachement de 1000 hommes. Cet Officier apporte la Nouvelle de la Prise d'*Emb-den*; M. d'*Auvet* avoit détaché, le 2 de ce Mois, MM. de *Lillebonne*, de *la Châtre* & de *Seey*, pour reconnoitre cette Place dans différens Points.

Pendant cette reconnoissance, où ils ont essuyé quelques Volées de Canon, & du feu de Mousqueterie, M. d'*Auvet* faisoit ses Dispositions pour prendre la Ville d'Assaut. M. de *Lillebonne* eut avis, le 3, à 7 heures du matin, que 70 Déserteurs étoient à un de ses Postes avancés, & que le desordre regnoit dans la Place; il profita de cette circonstance pour faire sommer le Commandant de se rendre: L'Officier, qu'il y envoya, à cet effet, trouva la Bourgeoisie qui rappelloit. Après avoir fait une Capitulation, il prit possession des Portes, & M. d'*Auvet*, avec son Détachement, y entra une heure après. La Garnison a été faite Prisonnière de Guerre, & il a été remis des Otages pour sureté de l'exécution des autres Articles de la Capitulation.

M. d'*Auvet* a rempli, à tous égards, les objets de sa Mission.

Par les dernieres Nouvelles, qu'on a des Ennemis, on apprend, qu'ils sont toûjours campés leur Droite à *Minden*.

De *Corvey*, le 13. M. le Maréchal ayant pris le parti de se porter, de sa Personne, sur les Points designés pour l'Etablissement des Ponts, qu'il avoit ordonné de jetter sur le *Weser*, il est parti, de *Bielefeldt*, le 7, & s'est rendu, le 8, à *Brakel*, laissant son Armée aux Ordres de M. de *Berchiny*.

M. d'*Armentieres*, qui étoit à *Erben*, avec Reserve, s'avança, le 7 au soir, sur

les

les Hauteurs de *Beverungen*, avec 25 Compagnies de Grenadiers, & 400 Carabiniers, pour reconnoître l'Emplacement du Pont, qu'il vouloit jetter, entre ce Village & celui de *Blankenaw*.

Il y avoit, dans *Lemvorde*, Village qui est de l'autre côté du *Weser*, vis-à-vis celui de *Beverungen*, 200 hommes d'infanterie, & 40 Chevaux *Hannovriens*, qui se retirerent, dès que M. d'*Armentieres* fit ses dispositions pour faire occuper *Beverungen* par une partie de ses Grenadiers & ses Hussards. Il se porta, la nuit, avec la Reserve de son Détachement, à *Blankenaw*, où il coucha; Il y fit établir son Pont, sans aucun obstacle, le 8 à 4 heures du matin.

Le même jour, il passa le *Weser*, avec 15 Compagnies de Grenadiers, pour balayer le Païs de l'autre côté, & il poussa jusqu'à *Gofffen*. En passant, il envoya occuper le Château de *Forstenberg*, d'où les Ennemis s'étoient retirés avec tant de précipitation qu'ils y avoient laissé 200 Havre-sacs.

M. d'*Armentieres* fit partir, de *Gofffen*, MM. d'*Ennery* & *Baudouin*, Aides Maréchaux Généraux des Logis, avec un détachément de 200 Volontaires, pour continuer la reconnoissance de la Rive droite du *Weser*, jusqu'à *Bevern* & *Vorst*; ils n'ont rencontré que quelques Troupes de Chasseurs, qui se sont toujours retirés dans les Bois.

Les Ennemis, à ce qu'on assure, soûtiennent encore leur Position de *Minden*.

M. d'*Armentieres* est revenu camper, avec sa Reserve, à *Forstenberg*. M. le Maréchal a attendu, avec le Corps de MM. de *Souvré* & de *Chevert*, & une partie
de

de celui de M. le Duc d'*Orleans*, le reste de son Armée, qui arrive aujourd'hui. Il a fait établir deux nouveaux Ponts de Pontons à *Tonenberg*.

Sur les Avis, que M. le Maréchal avoit reçus, il jugea à propos de suspendre la Marche de M. le Duc d'*Orleans*, qui s'étoit acheminé vers la *Hesse*, avec 28 Bataillons & 32 Escadrons. Ce Prince reste à l'Armée, & M. le Maréchal a envoyé, à *Cassel*, M. de *Contades*, avec 4 Brigades d'Infanterie, & 20 Escadrons de Cavalerie. M. de *Pereuse*, Maréchal de Camp, qui s'étoit porté, avec une Brigade de Cavalerie, & une d'Infanterie de ce Détachement, à *Munden*, envoya hier un Courier, à M. le Maréchal, pour l'informer de la Prise de cette Place. La Garnison, composée de 300 *Hannovriens*, a été faite Prisonnière de Guerre.

M. de *Contades* mande dans l'instant, de *Warborg*, qu'il y a été joint par le Grand-Ecuyer du Landgrave, qui est venu l'assurer de la soumission du Pays, & des dispositions certaines, où est ce Prince, de procurer, à l'Armée *Françoise*, tous les secours que les ressources du Pays pourront fournir.

M. de *Contades* a reçu des Otages pour sûreté de la Convention, & nos Troupes sont en Marche pour aller occuper *Cassel*.

De *Holtzmunden*, le 18. Toutes les dispositions étant faites pour passer le *Weser*, l'Armée, campée à *Corvey*, s'est mis en Marche, le 16, sur 6 Colonnes; L'Infanterie a passé cette Rivière sur trois Ponts, & la Cavalerie au gué.

M. le Maréchal a établi son Quartier Général à *Holtzmunden*. Il a fait marcher un Détachement de 800 hommes d'Infanterie, aux Ordres de M. de *Langeron*, pour chasser les Partis des Ennemis repandus dans la Forêt de *Sollingen*.   D   M.

M. de *Chevreuse* eſt auſſi parti ce matin, avec un Détachement, pour ſe porter à *Olendorff*, & reconnoître les Mouvemens de l'Ennemi, au Debouché de la Gorge de *Wukenſen*.

On a appris, ce matin, que la Ville de *Göttingen* s'étoit ſoûmiſe aux Troupes du Roi. M. de *Pereuſe*, Maréchal de Camp, eſt parti, de *Munden*, pour cettë Expédition, avec une Brigade d'Infanterie, & une de Cavalerie. A la première ſommation, le Commandant a rendu la Ville, & la Garniſon, d'environ 200 hommes, a été faite Priſonnière de Guerre. On a trouvé, dans cette Place, 8 Pièces de Canon de fonte & de fer, & quelques Munitions de Bouche.

EXTRAIT *de ce qui s'eſt paſſé à l'Armée Auxiliaire en* WESTPHALIE, *depuis le* 20 *Juillet juſqu'au* 26; *Contenant la* RALATION *de la* BATAILLE DE HASTENBECK.

L'ARMÉE, partie de ſon Camp de *Holtzmunden*, ſe porta ſur *Olendorff*, & fit aſſurer ſa Marche par un Détachement de 88 Compagnies de Grenadiers, & de tous les Dragons aux Ordres de M. le Duc d'*Orleans*.

LES Ennemis, qui avoient préſenté quelques Têtes de Troupes dans les Gorges de *Wunkenſen*, *Eſchershauſen* & *Halle*, ſe retirèrent, & l'Armée campa à *Olendorff* le 20. Elle y ſéjourna le 21, & en partit le 22, pour ſe porter à *Halle*.

M. de *Maillebois*, avec les *Volontaires de Flandres* & *de Hainault*, & les Grenadiers de de *Solar*, ouvrit fa Marche dès le 21, & reconnut, le 22 au matin, la Pofition des Ennemis, qui occupoient les Villages de *Bergen* & de *Frucken*. Il y eut une legere Efcarmouche, qui ceffa dès que M. de *Maillebois* eut fini fa reconnoiffance.

M. le Maréchal, qui arriva, le 22, de bonne heure, fe porta, de fa Perfonne, avec les Princes, fur un Plateau avancé dans la Plaine, qui eft entre ces deux Villages & celui de *Heven*, où il venoit d'établir fon Quartier Général. M. le Maréchal, après avoir fait tâter les Villages de *Bergen* & de *Frucken*, par quelques Volontaires, ne jugea pas à propos de les attaquer, & fe retira. L'Ennemi profita de ce Mouvement pour faire avancer, fur le Plateau, que nous venions de quitter, un Corps de Cavalerie, qui détermina M. le Maréchal à faire battre la Générale. Toute l'Armée, qui arrivoit dans ce moment-là, fe porta, avec la plus grande vivacité, fur le Champ de Bataille, qui fut reconnu à l'inftant. Les Ennemis fe retirèrent, & l'Armée rentra dans fon Camp. On eftime que leurs Détachemens pouvoient être de 5 à 6000 hommes.

Le 23. Il fut décidé que M. de *Contades*, à la tête de 50 Compagnies de Grenadiers, & de 3 Régimens de Dragons, fe porteroit, à l'entrée de la nuit, au Village de *Broeck-hufen*, en deçà de celui de *Bergen*, que les Ennemis tenoient en force. Ce Détachement fut foutenu de la Referve de M. d'*Armentières*, qui devoit opérer fur *Frucken*, & M. de *Vogué*, à la tête de 14 Compagnies de Grenadiers, & des *Volontaires de Flandres* & *de Hainault*, fe porta fur les Hauteurs d'*Afferten* dans le Bois de la Gauche des Ennemis, pour les reconnoître & les inquiéter dans cette partie. M. le Maréchal fe mit en Marche le 24, à 2 heures du matin, pour voir l'effet du Détachement de M. de *Con-*

D 2

tades.

tades. Il se fit suivre par son Armée, & il arriva, au point du jour, sur le Plateau, dont il a déja été question.

Les Ennemis avoient abandonné les Villages de *Bergen* & de *Frucken* ; ils s'étoient retirés à *Ladforde*, & tenoient les Hauteurs & les Bois qui bordent toute cette partie du *Weser*.

On poussa ce qui paroissoit de Cavalerie en avant du Village. L'Infanterie, qui étoit encore dans le Village, se retira, & quelques Coups de Canon, qui furent tirés, tant de nôtre Avant-Garde que de la Reserve de M. de *Broglie*, qui, par la Rive gauche du *Weser* concourroit à nôtre Manœuvre, eurent bien-tôt déterminé l'Ennemi à quitter les Hauteurs. M. de *Vogué*, de son côté, s'étoit emparé d'une très-bonne Position sur les Hauteurs de la Gauche des Ennemis, d'où il canonna longtems : Il manda, à M. le Maréchal, que les Ennemis se renforçoient devant lui, & il eut Ordre de se retirer.

L'Armée campa dans le Terrain qu'on venoit de prendre ; la Gauche au *Weser*, & la Droite au Village de *Bergen*, le Plateau étant à-peu-près au Centre de la Ligne. Il fut agité, dans un Conseil de Guerre, qu'on tint à 5 heures du soir, si on attaqueroit les Ennemis ; les Debouchés, pour aller à eux, étant très difficiles, il fut decidé qu'on les feroit reconnoître, & qu'on manœuvreroit pour tàcher de les deposter en les tournant.

Pendant la nuit, M. le Maréchal reçut Avis que les Ennemis se retiroient. En conséquence il fit de nouvelles dispositions, & renvoya M. de *Vogué*, plus en force, reprendre sa Position

tion sur les Hauteurs, le 25 au point du jour, & il le fit renforcer par une Brigade d'Infanterie aux Ordres de M. de *Chevert*, M. de *Maillebois* s'y porta à 6 heures, au moment d'une Canonnade très vive, & jugeant que l'affaire pourroit s'engager plus ferieusement alla en rendre compte à M. le Maréchal, qui, fur ce qu'il avoit entendu lui-même de l'Attaque de M. *Vogué*, étoit deja parti, avec la Referve de M. d'*Armentieres*, & étoit porté, par les Débouches reconnus, fur les Hauteurs d'*Obfen*. Il avoit ordonné, à fon Armée, de le fuivre. Elle arriva, en effet, fucceffivement fur ces Hauteurs. On apperçut alors l'Armée des Ennemis en Bataille dans fon Camp, la Droite à *Hamelen*, & la Gauche appuyant aux Bois & aux Hauteurs d'*Afferten*. Cette Partie étoit foutenue de Batteries & d'une efpèce de Redoute. Nôtre Armée fe trouva raffemblée, à 4 heures après midi, fur les Hauteurs d'*Obfen*, touchant, par fa Gauche, jufqu'au *Wefer*. Il fe trouvoit, en avant de fa Gauche, un Marais prefque impraticable, protegé, du côté des Ennemis, par un Plateau, où on avoit établi du Canon, & le Village de *Haftenbeck* étoit en avant du Centre. La Pofition de l'Ennemi ne permettant pas de l'attaquer de Front, on fongea à le tourner par fa Gauche. On avoit d'abord deftiné, à cette Opération, la Referve de M. de *Randan*, qui étoit venue, par *Einbeck*, à *Halle*; mais M. le Maréchal en chargea M. de *Chevert*, avec les Brigades de *Picardie*, *Navarre* & *la Marine*. On y joignit encore la Brigade d'*Eu*, qui étoit une des deux qu'avoit M. de *Randan*, qui rejoignit l'Armée. Le refte de la journée fut employé à ces différentes Pofitions, & on fe canonna, de part & d'autre, jufqu'à la nuit.

Il fut convenu que l'Attaque du lendemain commenceroit par M. de *Chevert*, & que l'Armée s'ébranleroit au signal qu'il donneroit. Il s'éleva, au point du jour, un brouillard si considérable, que les Armées ne purent s'appercevoir qu'à 6 heures. Alors les Ennemis commencèrent à tirer quelques coups de Canon, auxquels nous ne repondìmes que foiblement, attendant toûjours le signal de M. de *Chevert* ; il ne put arriver, au point de son Attaque, qu'à 8 heures & demie. Ce fut dans ce moment-là, que l'Armée se mit en mouvement.

M. d'*Armentieres* deboucha sur la Droite, avec les Brigades de *Belzunce*, *la Couronne* & *Alsace*, soutenues de la Brigade *Imperiale* & des *Dragons à pied :* Son objet étoit d'attaquer les Batteries & la Redoute des Ennemis.

Le reste de la Ligne s'ébranla lentement, & l'on entendit commencer l'Attaque de M. de *Chevert*. M. d'*Armentieres* avoit un peu changé sa direction, & s'étoit jetté tout entier dans le Bois. On y remedia, en faisant marcher, à la Redoute des Ennemis, la Brigade dé *Champagne* & celle de *Rheding*. Ce Mouvement fut nécessaire, parce que l'éloignement de M. d'*Armentieres* intervertissoit l'Ordre général de la Bataille.

Le Bois de la Droite devint le véritable Champ de Bataille. Le reste du terrain fut celui de nôtre Artillerie, qui fut placée & servie supérieurement. Les Attaques de la Droite firenr leur progrès. *Picardie*, *Navarre* & *la Marine* gagnèrent toûjours sur le Flanc de l'Ennemi ; les Brigades de *Champagne* & d'*Alsace* s'emparèrent de la Redoute, & *Rheding* garda la lizière du Bois.

Dans

Dans ce moment-là on songea à engager les Attaques de la Gauche, & on fit marcher, au Village de *Haftenbeck*, M. de *Guerchy* avec le Régiment *du Roi*, les *Grenadiers de France* & de *Solar*, & les autres Colonnes s'avancèrent lentement ; on s'apperçut alors que les Ennemis avoient degarni leur Gauche, & faifoient filer des Troupes pour foutenir le Bois ; on y entendit un feu très vif, & l'on vit paroitre, en même tems, quelques Efcadrons dans la trouée de la Droite. Dès que M. le Maréchal en fut informé, il donna Ordre d'y faire marcher une Brigade de Cavalerie & une d'Infanterie. Ce mouvement, & les Troupes, qui avoient été repliées dans cette partie, que l'on vit paroitre en defordre, fufpendirent, pendant quelque tems, le fuccès des autres Attaques ; la Cavalerie, qu'on y porta, rétablit l'ordre ; le feu du Bois ayant ceffé, & la pouffière, qu'on apperçut, indiquérent la Marche retrograde de l'Ennemi. Alors M. le Maréchal fongea à foutenir, par de la Cavalerie, les *Grenadiers de France*, que M. de *Guerchy* avoit fait deboucher du Village de *Haftenbeck*. & il y envoya les *Carabiniers*, & la Brigade de *Royal-Pologne*.

L'Ennemi continua fa Retraite fur les Hauteurs de *Hamelen*. M. le Maréchal le fit fuivre jufqu'au Village d'*Afferten* ; mais, le voyant fe retirer en bon ordre, & étant Maître du Champ de Bataille, il y fit camper fon Armée, & fe contenta de pouffer un Détachement pour mafquer *Hamelen*. L'on a pris, aux Ennemis, 9 Piéces de Canon, & 2 Obufiers ; l'on a fait quelques Prifonniers, parmi lefquels fe trouve un Général Major, & deux Officiers ; l'on ignore la Perte de l'Ennemi ; la nôtre fe monte à 1500 hommes, tués ou bleffés ; nous n'avons perdu d'Officiers de marque, que M. le Marquis de *Laval*,

Aide

Aide Maréchal Général des Logis, qui a été tué, & MM. du *Chatelet* & *Belzunce* bleffés. On ne peut, d'ailleurs, donner trop d'éloges à nôtre Infanterie & à nôtre Artillerie.

Le terrain n'a pas permis, à la Cavalerie, de donner ; les Princes fe font portés par tout.

Le 28, les Ennemis continuent leur Retraite fur *Minden*. La Ville de *Hamelen* a
capitulé. 700 hommes de Troupes règlées, qui y font en Garnifon, ont permiffion de fe
retirer ; 300 Payfans ou Miliciens reftent Prifonniers, ainfi que tous les Malades & Bleffés qu'on y a laiffés.

On a trouvé, dans cette Place, 60 Pièces de Canon.

MOIS D'AOUT.

De *Munder*, le 8. Le 3, l'Armée eft partie du Camp qu'elle occupoit. Le même
jour, à onze heure du foir, M. le Maréchal de *Richelieu* y eft arrivé ; la Tête des
Troupes, qui font parties de *France* à fes Ordres, eft arrivée dans la *Heffe* ; le refte
prendra la même direction, & y arrivera fucceffivement dans le courant de ce Mois.
Ces Troupes font deftinées à fe réunir à l'Armée de *Weftphalie*, dont M. le Maréchal de *Richelieu* a pris le Commandement. M. le Maréchal d'*Eftrées* eft parti d'*Ol-
dendorff*, le 7, pour aller aux Eaux d'*Aix la Chapelle* ; il a paffé trois jours avec M.
le Maréchal de *Richilieu*, pour conférer fur tous les objets relatifs aux Operations de
l'Armée.

MM.

MM. de *Platen* & d'*Ardenberg*, Députés de *Hannovre*, sont venus hier pour traiter de la Capitulation de cette Ville. M. le Maréchal leur a accordé la Protection qu'ils demandoient pour la Ville, & les Ménagemens dus aux Maisons & Jardins de Sa Majesté *Britannique*, & a refusé les Honneurs de la Guerre, qu'ils demandoient pour la Garnison. Elle n'est composée que de Miliciens & d'Invalides, qui mettront bas les Armes & pourront se retirer chez eux, à condition de ne pas servir de la Guerre. Il est aussi arrivé aujourd'hui un Député de *Brunswick*, pour se soûmettre à la Clémence du Roi.

M. le Maréchal a fait partir, ce matin, le Corps des Granadiers de *France*, & trois Régimens de Dragons, aux Ordres de M le Duc de *Chevreuse*, pour aller à *Hannovre*, prendre possession de cette Ville. Il a donné Ordre, à M. le Duc de *Randan*, de se porter à *Wunsdorff*, avec deux Brigades d'Infanterie, une de Cavalerie & un Régiment de Hussards. Il a fait rentrer, à l'Armée, les Troupes qui composoient la Reserve de M. d'*Armentieres*, & il l'a envoyé prendre le Commandement du Corps de M. le Duc de *Broglie* à *Minden*, qu'il a renforcé de 14 Escadrons restés à *Wesel*.

M. le Maréchal a aussi poussé un Détachement à *Ocht* pour occuper cette Place, & observer le Mouvement des Ennemis sur la Droite: On a aussi reçu Avis que l'Armée de M. le Duc de *Cumberland* est partie de son Camp de *Nienbourg*, & qu'elle marche du côté de *Vehrden*.

De *Hannovre*, le 20. L'Armée marcha, le 10, de *Munder* à *Holsensthein*, & le 11, elle est venu camper ici. M. le Maréchal a établi son Quartier Général dans un des Fauxbourgs de cette Ville, nommé *Linden*. Il a poussé, le même jour, le Corps

E

de

de M. de *Randan* à *Neustadt*. Ce[illegible] *[...]rmentieres* a été renforcé le 15, à *Min-den*, de 14 Escadrons arrivés de [illegible]

I⅃ s'est porté, le 18, à *Nieubourg*, [illegible] joint par une Brigade d'Infanterie, & il a poussé, à *Drakenbourg*, les *V[...]*[illegible]*[...]ux* & le Régiment de Hussards de *Berchiny* sur sa Droite. Le 16, M. [illegible] a fait partir les Régimens de *Poitou*, *la Couronne*, *Conty*, & ceux de Cavale[rie] [illegible]*ravattes*, de *Berry*, & de *Noailles*, aux Ordres de M. le Duc d'*Ayen*, pour a[ller] [illegible] le Duché de *Brunswick*, qui s'est soû-mis à la Domination du Roi.

M. le Duc d'*Ayen* a détaché M. le Mar[quis de] *Voyer* à *Wolfenbuttel*, avec le Régiment de *Poitou* & celui de *Berry*, Cavalerie. [illegible] établi à *Brunswick* avec M. le Marquis de *Jonsac*, Maréchal de Camp, & le reste [des] Troupes, qui sont à ses Ordres.

M. le Maréchal a renforcé le Corps, qu[i est] dans l'*Ostfrise*, de 2 Bataillons & de 2 Escadrons.

On a poussé divers Détachemens sur l'*Aller*; on a occupé *Zell*, où les Ennemis avoient formé un Magazin d'environ 20000 Rations de Fourages, dont on s'est emparé. On a établi, dans ce Poste, un Régiment de Hussards, dont l'objet est de pousser des Détache-mens dans le Duché de *Lunebourg*. M. le Maréchal a fait, le 12, la Revuë de son Ar-mée. M. le Duc de *Cumberland* est campé à *Verden*, derrière l'*Aller*; Il a un gros Détachement près de *Rethem*, & il a fait occuper ce Village par quelques Troupes legères.

Le 19, on a fait partir 2 Brigades de Grenadiers pour aller camper à *Neustadt*.

Dᴇ

De *Rethem*, le 26. L'Armée partit de *Hannovre* le 22, pour se porter à *Wunsdorff*, où elle campa sur deux Lignes, le 23, elle marcha à *Marienfée*; le 24, à *Rodwold*, & le 25, à *Rethem*, où elle est campée, l'Infanterie en première Ligne, & la Cavalerie en seconde.

En même tems que l'Armée partit de *Hannovre*, & marcha par la Rive gauche de la *Leyne*, M. le Maréchal détacha, par la Rive droite de cette Rivière, M. le Duc de *Chevreuse* avec tous les Dragons, 12 Escadrons de Cavalerie, & une Brigade d'Infanterie, pour se porter à *Bottmer*, & venir établir des Ponts sur l'*Aller* à *Eltzen*.

M. le Maréchal fit aussi partir, le 23, quarante Compagnies de Grenadiers, les Brigades de *la Marine* & *Dauphin*, & 600 Chevaux, aux Ordres de M. le Duc de *Broglie*, Lieutenant Général, & de MM. de *Maupeau* & de *Segur*, Maréchaux de Camp. L'objet de ce Détachement étoit d'attaquer le Poste de *Rethem*, que les Ennemis occupoient par des Grenadiers, & soûtenoient, de l'autre côté de la Rivière, par un Corps d'environ 5 ou 6000 Hommes. M. de *Chevreuse* devoit concourrir à cette Opération en marchant sur le Flanc gauche des Ennemis. Ces Dispositions ont eu le succès qu'on devoit en espérer, les Ennemis ayant abandonné *Rethem*, & brûlé une partie du Pont; Ils ont aussi replié, avec beaucoup de précipitation, le Camp qui soûtenoit ce Poste, & il n'y a eu, en cette occasion, que quelques Fusillades entre nos Troupes avancées, & les Chasseurs des Ennemis.

Sur la Nouvelle de la Marche de nos Détachemens, qui étoient soûtenus par toute l'Armée, les Ennemis, campés à *Verden*, se sont avancés pour protéger la Retraite

E 2

du

du Corps qui étoit a *Rethem*, & ont fur le champ fait une Marche retrograde fur *Rottenbourg*, où toute leur Armée eft campée, & a pris, à ce qu'on dit, un très bonne Pofition.

De *Verden*, le 29. L'Armée eft venu ici en deux Marches. Elle étoit partie hier de *Rethem* pour fe porter à *Weften*; la Marche étant trop forte de *Rethem* à *Verden*, & les Chemins devenant très mauvais; elle y eft arrivée aujourd'hui, & eft campée fur deux Lignes.

Le Corps aux Ordres de M. d'*Armentieres* a marché, hier 28, à *Rehum*, & aujourd'hui fur *Bremen*, avec Ordre de prendre Pofte dans cette Ville, & de s'emparer de tous les Magafins appartenant aux Ennemis, qu'on dit y être très confidérables.

M. le Duc de *Broglie* s'eft porté aujourd'hui, avec fa Referve, à *Rehum*; il doit occuper *Baffem* pour s'approcher d'*Ottersberg*, & tenir la Tête de la Chauffée qui y conduit. Les Ennemis font toûjours dans cette Pofition d'*Ottersberg* & de *Rottenbourg*, ayant des Marais impraticables devant eux.

MOIS DE SEPTEMBRE.

De *Walle*, le 1er L'Armée eft venuë aujourd'hui ici, où elle eft campée fur deux Lignes.

Les Ennemis reftent toûjours dans leur même Pofition de *Rottenbourg* & d'*Ottersberg*, & M. le Maréchal étant déterminé à les y attaquer, fit partir, le 30. d. p., M. le le Marquis de *Monteynard* pour aller reconnoître le Pays & les Approches de leur Camp. Il avoit, à ſes Ordres, 20 Compagnies de Grenadiers, 4 Troupes de Carabiniers, & 2 de Cavalerie, un Détachement des *Volontaires de Flandres* & de *Hainault*, & 4 Pièces de Canon. M. de *Monteynard*, avec ce Détachement, ſe porta, le 30 au matin, ſur *Everſen*, à 4 lieues de *Verhden*; il découvrit le Camp des Ennemis encore tendu, à un quart de lieue au-delà de *Rottenbourg*.

La Brigade d'*Alſace* avoit marché en même tems à *Walle*, pour ſoûtenir le Détachement de M. de *Monteynard*, qui fut joint auſſi, à *Everſen*, par 300 Dragons, aux Ordres de M. de *Caraman*, que M. de *Guerchy*, campé à *Vittau*, avoit envoyé ſur la Droite d'*Everſen*. M. de *Monteynard* employa la journée du 30 à reconnoître le Pays qui étoit devant lui, & les Bords de la *Wumme*, & il ne fut inquiété que par quelques Chaſſeurs & Huſſards ſortis de *Rottenbourg*, qui fuſillèrent entre les Poſtes avancés.

Il paſſa la nuit en Bataille, & ſe porta, à la pointe du jour, ſur le Village d'*Underſchtet* d'où il déboucha & marcha en Colonnes juſqu'à un quart de lieue de *Rottenbourg* ſur le grand Chemin, ayant des Marais à droite & à gauche. M. de *Monteynard* s'apperçut alors que les Ennemis étoient décampés, & qu'ils n'avoient laiſſé qu'un Détachement pour favoriſer leur Retraite; Il envoya, ſur le champ, ſommer le Commandant, qui répondit qu'il avoit Ordre de ſe deffendre.

M. de *Monteynard* en fit avertir M. le Maréchal, qui s'étoit déja mis en marche pour le joindre, & qui, ſur cet Avis, envoya chercher les Compagnies de Grenadiers de l'Armée, les Grenadiers de *France*, tous les Grenadiers *Royaux*, les Carabiniers, & 12 Pièces de Canon d'augmentation.

E 3

M.

M. le Maréchal arriva, à 9 heures du matin, devant *Rottenbourg*, qu'il alla reconnoître lui-même, & qu'il trouva encore occupé. On lui tira quelques Coups de Canon du Fort; Il fit alors ses Dispositions pour entourer ce Poste de Droite & de Gauche, & pour faire rétablir les Ponts de la *Wumme*, que les Ennemis avoient rompus.

En même tems il fit passer, sur une Ecluse, 12 Compagnies de Grenadiers, aux Ordres de M. de *Wurmser*. Les Ennemis les ayant apperçu, & craignant d'être coupés, évacuèrent le Fort, d'autant que M. de *Caraman*, par la Droite, avoit déja passé une partie des Marais, & une Branche de la *Wumme*, avec les Dragons de son Régiment.

L'on vint avertir nos Sentinelles de la Retraite précipitée des Ennemis; mais il ne fut pas possible de s'y opposer, tous les Ponts sur la *Wumme* étant rompus, & n'y ayant aucuns Gués praticables. L'on ne peut d'ailleurs arriver, à *Rottenbourg*, que par une seule Chaussée, & ce Poste est environné de Marais de tous côtés.

M. le Maréchal fit occuper, sur le champ, un des Fauxbourgs de la Ville, par quelques Compagnies de Grenadiers, en attendant que le Pont du Fort fut rétabli.

Les Ennemis y ont laissé 17 Pièces de Canon de Fer enclouées, dont ils ont brisé tous les Affuts, & l'on n'a trouvé aucune sorte de Munitions, quoique ce soit un Poste très avantageux, qu'il est aisé de deffendre longtems.

M. de *Monteynard* s'est porté à trois lieues environ en avant de *Rottenbourg*. Les Ennemis se sont retirés à *Gihum*, où ils sont entourés de Marais impraticables, & ils ont rompu la seule Chaussée qui y conduit.

M. le Duc de *Broglie*, qui s'étoit avancé, avec sa Reserve. à *Bassem*, pour déboucher

cher fur *Ottersberg*, envoya fommer le Commandant de ce Fort, qui avoit fait tirer quelques Coups de Canon à à Cartouches fur des Officiers & fur des Grenadiers, qui l'avoient
été reconnoître. Cet Officier fit répondre que fon intention étoit de fe deffendre, & il
fit rompre en conféquence tous les Ponts qui étoit dans cette partie. Mais M. le Duc
de *Broglie*, ayant fait la même Manœuvre que M. le Maréchal avoit faite à *Rottenbourg*,
& ayant fait paffer les Grenadiers au Gué, le Commandant fe retira avec précipitation,
laiffant 16 Pieces de Canon dans ce Fort.

La Pofition des Ennemis étoit fi avantageufe, entre *Rottenbourg* & *Ottersberg*, qui
font deux Poftes de la plus grande importance, qu'on ne peut qu'être fort etonné qu'ils
l'ayent abandonné avec tant de précipitation.

Ils continuent leur Retraite fur *Stade*, & ont fait une Marche forcée de 6 lieues. La
Tête de nos Détachemens a pouffé jufqu'à une demie lieue au-delà de *Gihum*, d'où l'Arrière-Garde des Ennemis étoit partie avant le jour.

De *Clofterfeven*, le 6. M. le Maréchal étant parvenu, dès le 1er. de ce Mois, à dé-
pofter les Ennemis de *Rottenbourg* & d'*Ottersberg*, & ne pouvant les fuivre, avec toute
fon Armée, dans un Pays difficile & denué de toute Subfiftance, avoit pris le parti de
garder fon Camp de *Walle*, & de laiffer en avant un gros Détachement pour obferver
M. le Duc de *Cumberland*, qu'on affuroit avoir fait fa Retraite fur *Stade*.

Il laiffa M. de *St. Pern* à *Rottenbourg* avec les Grenadiers de *France* & les Carabiniers,
& retourna à fon Camp de *Walle*.

M. le Maréchal s'étoit propofé d'aller, le 3, à *Bremen*, & de vifiter, en paffant, le Pofte
d'*Ottersberg*.   Dans

Dans le moment qu'il se mit en marche pour s'y rendre, il apprit que les Ennemis étoient restés campés à *Selsen*, & que M. de *Poyanne*, que M. de *St. Pern* avoit détaché avec 300 Carabiniers, 10 Compagnies de Grenadiers, & des Troupes legères, avoit trouvé l'Arrière-Garde campée à une lieue de *Closterseven*.

M. le Maréchal prit sur le champ le parti de se porter au-dit *Closterseven*, 5 lieues en avant de *Rottenbourg*, avec tous les Grenadiers de l'Armée: & la Brigade d'*Alsace*, où il manda, à M. le Duc de *Broglie*, de venir le joindre à *Closterseven*. En y arrivant, M. le Maréchal poussa M. de *Poyanne* en avant avec son Détachement. Le 4 au matin, il apprit que les Ennemis avoient décampé, & s'étoient retirés entre la Ville de *Bremervorden*, & le Village de *Bevern*; il se porta au Détachement de M. de *Poyanne*, pour reconnoître, par lui-même, le Pays & la Position des Ennemis, & s'avança jusqu'au Village de *Bevern*, qu'il trouva occupé par leurs Troupes legères.

M. le Maréchal le fit attaquer par MM. de *Chabot* & de *Berchiny*, à la tête de leurs Corps, & par 200 Dragons à pied du Régiment de *Harcourt*, aux Ordres de M. de *Lillebonne*.

Les Ennemis en furent chassés & poursuivis; mais comme il sortit du Bois, qui est en avant de ce Village, deux Colonnes d'Infanterie, & que M. le Maréchal n'en avoit pas avec lui, pour soûtenir le succès de cette Attaque, qui n'avoit d'autre objet que de reconnoître les Ennemis de plus près, il ne la poussa pas plus loin, & après avoir bien examiné leur Position, il donna Ordre aux Troupes, qui avoient emporté le Village, de se replier lentement sur celui de *Selsen*, où il vouloit laisser le Détachement de M. de *Poyanne*.   M.

M. le Maréchal avoit fait avancer, pour y proteger & foûtenir fon Etabliffement, 12 Compagnies de Grenadiers, & 4 Piéces de Canon aux Ordres de M. le Prince de *Chimay*.

M. le Maréchal, autant pour affurer la Retraite de M. de *Poyanne*, que pour en tirer quelques Avantages fur les Ennemis, avoit fait placer, à moitié chemin, 2 Compagnies de Grenadiers des *Volontaires Royaux*; Elles s'embufquèrent au Coin d'un Bois, avec les 4 Piéces de Canon, & M. le Maréchal ordonna que fa Retraite fe fît très lentement, même de la part des Huffards.

En effet, M. de *Poyanne* n'eût pas fait une demie lieue que l'on apperçut une Colonne d'Infanterie de 1500 Hommes, qui débouchoit du Village de *Bevern*, & qui s'efforçoit de joindre les petites Troupes de Cavalerie, de Dragons & de Huffards, qui faifoient l'Arriere-Garde; Elles affectèrent de marcher encore plus lentement jufqu'à ce que les Ennemis étant arrivés au point de l'Embufcade, les Grenadiers firent une Décharge fi à propos, & fi heureufe, que les Ennemis en furent fort ébranlés; le feu des Grenadiers fut foûtenu de l'Artillerie; les Grenadiers & les *Volontaires Royaux* chargèrent en même tems la Tête de cette Colonne avec tant de valeur & d'audace, qu'elle fut mife en defordre; le refte des *Volontaires* & les Huffards achevèrent de mettre la Confufion dans cette Retraite. L'on a tué beaucoup de monde aux Ennemis dans cette occafion, & l'on affure qu'ils y ont perdu le Général qui les commandoit.

Nous n'avons eû que quelques Hommes bleffés & plufieurs Chevaux tués. M. de *Poyanne* eft refté, avec fon Détachement, à *Seifen*, & les Ennemis font toujours à

F

Bre-

Bremervorden. Nos Huſſards & leurs Troupes avancées ont fuſillé hier, pendant toute la journée.

M. le Maréchal, qui a établi ſon Quartier à *Cloſterſeven*, a envoyé Ordre, à ſon Armée, de marcher, & elle arrivera ſucceſſivement ſur deux Diviſions. La première arrive aujourd'hui à *Rottenbourg*, & demain à portée d'ici; la ſeconde Diviſion ſuivra la même Marche à un jour de diſtance.

L'ON vient d'apporter, à M. le Maréchal, la Nouvelle, qu'un Détachement des *Volontaires de Hainault*, commandé par M. de *Grandmaiſon*, Major, qui avoit été envoyé ſur *Harbourg*, s'eſt emparé de cette Place. M. *Baudouin*, Aide Maréchal Général des Logis de l'Armée, & M. de *Grandmaiſon* y ſont entrés à la tête de 80 Dragons & Huſſards ſeulement. La Garniſon, qui étoit de 1000 Hommes de Milice, a mis les Armes bas. L'on a exigé d'elle la Condition de ne porter les Armes de toute la Guerre, ni contre le Roi, ni contre ſes Alliés. On a trouvé beaucoup de Magaſins dans la Ville & dans le Fort. L'on a auſſi envoyé un Détachement ſur *Boxterhude*, que M. *Baudouin* a de même été reconnoître, & où il y a des Magaſins des Ennemis.

DE *Verden*, le 14. Les Opérations de l'Armée ont été ſuſpenduës le 5, par l'arrivée de M. le Comte de *Lynar*, Miniſtre de *Dannemarc*, au Quartier Général de *Cloſterſeven*. Il eſt venu faire, à M. le Maréchal, des Propoſitions de Pacification, de la part de M. le Duc de *Cumberland*. Les Conditions ont été debattuës trois jours, & le Traité convenu a été ſigné, le 9 au ſoir, par M. le Duc de

Cum-

Cumberland & M. le Maréchal; il porte en subſtance, que tous Actes d'hoſtilités ceſ-
feront ſur le champ de part & d'autre; que les differens Corps détachés de l'Armée
des Alliés ſe retireront à *Stade*, & que tous ceux de l'Armée *Françoiſe* reſteront dans
ceux qu'ils occupent au moment de la Convention; que les Troupes de *Heſſe*, de
Brunswick, & de *Saxe Gotha*, ſeront renvoyées dans leur Pays, ſur des Routes & des
Paſſeports de M. le Maréchal, & ſeront emplacées dans les Quartiers convenus entre
les Souverains reſpectifs.

Que 15 Bataillons & 6 Eſcadrons de l'Armée *Hannovrienne*, & le Corps des
Chaſſeurs, repaſſeront l'*Elbe*, & s'établiront dans les Quartiers qui leur ſeront aſſignés.

Que 10 Bataillons & 28 Eſcadrons reſteront a *Stade* & dans les Environs, conte-
nus dans les Limites, qui ſeront marquées par des Poteaux, & que les Troupes, qui
repaſſeront l'*Elbe*, ſeront munies de Suretés & de Paſſeports néceſſaires de la part de
M. le Maréchal.

M. le Comte de *Lynar*, qui a été chargé de cette Négociation, l'a été auſſi de
concilier les Intérêts du Roi de *Dannemarc* ſon Maître, à l'égard de la Ville de *Bremen*, & il a obtenu que cette Ville & ſon Territoire, occupés par les Troupes *Françoiſes*, ne ſouffriroient point de Garniſon, & que ladite Ville jouïroit de ſes Franchi-
ſes & Libertés, à condition que, de ſon côté M. le Duc de *Cumberland* n'y appor-
teroit aucune atteinte.

Toutes ces Conditions ont été convenuës ſous la Garantie du Roi de *Dannemarc*, & il a été nommé, de part & d'autre, des Commiſſaires pour règler les Limites.

F 2

M.

M. le Lieutenant Général de *Spörcken*, est resté à *Bremervorde*, à cet effet, de la part des *Hannovriens*, & M. le Marquis de *Villemur* s'y est rendu de nôtre part, avec le Marquis d'*Amezaga*, Aide Maréchal Général des Logis de l'Armée, & le Sr. *Guillot*, Commissaire des Guerres. Ces deux derniers sont chargés de l'arrangement des Routes & Subsistances des Troupes Alliées qui s'en retournent.

M. le Maréchal a disposé son Armée en 5 Camps differens. Ces Camps sont à *Bremen*, *Verden*, *Rethem*, *Bottmer* & *Zell*.

D'après les Avis, que M. le Maréchal a reçus de la Marche du Roi de *Prusse*, il paroit que ces Corps vont faire des Mouvemens.

M. le Maréchal s'est rendu, le 17, à *Bremen*, avec les Princes, & il y a été reçu au bruit du Canon de cette Place. Il a été hier visiter le Camp qu'occupoient les Ennemis, & il est revenu à *Bremen*, où le Corps de Ville l'attendoit à dîner.

Il est arrivé ici aujourd'hui avec son Quartier Général, & va continuer sa Marche par *Rethem* & *Zell* sur *Brunswick*.

De *Brunswick*, le 22. Le 12., M. le Maréchal ayant eû Avis que le Roi de *Prusse* continuoit sa Marche sur la *Sala*, & s'avançoit vers M. de *Soubise*, changea la Disposition de ses Camps, & forma, des 6 Camps projettés, six Divisions, qui reçurent leurs Ordres le 13, pour se mettre en Mouvement le 14, & marcher à *Brunswick* & *Wolfenbuttel*.

M. le Maréchal alla à *Rethem* le 15, le 16 à *Zell*, où il s'est arrêté le 17 & le 18, pour donner les Ordres, & faire les Dispositions nécessaires dans le Duché de *Lunebourg*.

Il fit avancer le Sr. *Polleresky*, avec son Régiment, sur *Lihnenau*, pour tirer des Fourages du Bord de l'*Elbe* & de la Marche de *Brandebourg*. Le 19, M. le Maréchal vint à *Brunswick*; il y apprit, en arrivant, qu'un Corps détaché de l'Armée du Roi de *Prusse* s'étoit avancé dans le Comté de *Mansfeldt*, & marchoit sur *Halberstadt*. Il envoya Ordre, à M. de *Voyer*, qui étoit en avant à *Osterwick*, avec 2 Bataillons, 8 Escadrons & les *Fischer*, de se tenir sur ses gardes, d'observer de près les Mouvemens de ce Corps, & de replier tous ses Détachement.

Le 20, l'on apprit qu'il s'étoit joint, à ces Troupes, trois ou quatre mille hommes sortis de *Magdebourg*, le tout Infanterie; M. de *Voyer* ayant replié tous ses Détachemens avancés, excepté celui de M. de *Lusignan*, dont on ignore le sort, fit passer du Canon à *Regenstein*, & évacuer les Magasins d'*Osterwick*, & se replia, le 21, derrière le Canal, ayant *Hornbourg* devant lui.

Il est venu, dans la journée, des Nouvelles, parties par la *Hesse*, qui annoncent que le Roi de *Prusse*, sur l'Avis de nôtre Marche, a repassé la *Sala*, & marché en arrière, & que M. de *Soubise* s'étoit avancé sur son Arrière-Garde. Nous envoyons en avant des Détachemens pour éclairer cette Marche. Les deux premières Divisions de l'Armée, faisant 45 Bataillons & 40 Escadrons, commencent à arriver aujourd'hui, & campent à *Wolffenbuttel*, où M. le Maréchal & les Princes comptent se rendre.

De *Halberstadt*, le 28. M. le Maréchal s'étant rendu, le 23, à *Wolffenbuttel*, où les deux premières Divisions de son Armée étoient arrivées, dirigea les autres sur *Rebem*, à deux lieues de *Wolffenbuttel*, où toute l'Armée s'est trouvée rassemblée le 26.

F 3   M.

M. le Maréchal ayant appris, en arrivant à *Rehem*, que les Ennemis étoient encore dans leurs Postes avancés de *Zillingen* & d'*Ardesheim*, fit, fit, en y arrivant, une Disposition pour les y attaquer, & les forcer à se retirer; il commanda les Brigades d'Infanterie de *Navarre*, *Champagne*, *la Tour du Pin*, *Auvergne*, *du Roi*, *Aquitaine*, des Grenadiers de *France*, aux Ordres de MM. le Comte de *Noailles*, de *Chevert* & autres Officiers Généraux attachés à ces Divisions, & toute la Cavalerie arrivée, composant 68 Escadrons. Les Officiers Généraux de ces Divisions y ont marché avec M. le Duc de *Brissac*, commandant tout ce Détachement.

Il a marché avec 42 Escadrons, 4 Brigades d'Infanterie, & 6 Pièces de Canon par la Gauche, qui a débouché par la Digue de *Hessendamen*. M. de *Chevert* a conduit la Colonne de la Droite, composée de 3 Brigades d'Infanterie, 18 Pièces de Canon & 18 Escadrons, dont étoient les Carabiniers; il a passé par *Hornbourg*, & marché en avant d'*Osterwick*. M. de *Brissac* est arrivé sur *Ardesheim*; pendant ce tems M. de *Voyer* s'est avancé à *Stoorbeck*.

Les Ennemis, qui avoient retiré, dès hier, leurs Postes avancés, & qui s'étoient repliés derrière *Halberstadt*, ont abandonné cette Ville à l'entrée de la nuit, ensorte que toutes les Dispositions, que M. le Maréchal avoit ordonnées, le 27 au soir, n'ont servi qu'à faire arriver en très bon ordre, devant *Halberstadt*, les trois Détachemens, dont on vient de parler.

L'Armée a campé sous cette Ville, où M. le Maréchal & les Princes sont établis. La Droite depasse la Ville de *Halberstadt*, & la Gauche est auprès de *Kleinquinstedt*.

Ex-

Extrait *de ce qui s'est passé à l'Armée de M. le Maréchal de Richelieu, depuis son Départ de* Halberstadt.

De *Zell*, le 19 Decembre. Depuis que M. le Maréchal s'étoit retiré de *Halberstadt* pour aller établir son Quartier général à *Brunswick*, il ne s'étoit occupé que des moyens de procurer, à son Armée, le repos qu'elle pouvoit desirer, après une Campagne aussi longue que laborieuse, & de secourir les Troupes de M. de *Soubise*, que l'Evénement facheux du 1er Novembre l'avoit obligé de raprocher de l'Armée de M. le Maréchal.

Tandis qu'il faisoit ces Dispositions, & qu'il portoit toute son Attention sur des Objets aussi imporsans, les *Hannovriens*, qui ne songeoient qu'à rompre la Convention de *Closterseven*, dont quelques difficultés survenues, de la part de la Cour, avoient suspendu l'exécution, mirent, à la fin, M. le Maréchal dans la nécessité de porter un Corps de Troupes de 32 Bataillons & 38 Escadrons à *Lunebourg*, pour faire expliquer le Général *Zastrow*, & pour soûtenir la Ville de *Harbourg*, qui étoit menacée.

M. le Maréchal arriva, à *Lunebourg*, le 23 Novembre; il s'étoit fait préceder par quelques Troupes aux Ordres de M. le Marquis de *Voyer*, & ensuite par un Corps plus considérable, commandé par M. le Marquis de *Villeneuve*; il poussa différens Détachemens en avant, qui firent replier un Camp des *Hannovriens*, qui s'étoit avancé jusqu'à *Winsen*.

Dans

Dans fa Route, M. le Maréchal apprit, que les Troupes du Duc de *Brunswick*, qui avoient eû Ordre de fe retirer, avoient été arrêtées par les Troupes *Heffoifes*, & que deux de leurs Généraux avoient été mis aux Arrêts. Cette Circonftance avoit achevé de confirmer M. le Maréchal dans l'opinion qu'il avoit de la mauvaife foi des *Hannovriens* & des *Heffois*, & M. le Prince *Ferdinand* de *Brunswick*, qui étoit ar- rivé à *Stade* dans le même tems, pour prendre le Commandement de leur Armée, détermina les Alliés à une Rupture, que le Départ de M. le Comte de *Lynar*, Mi- niftre de Sa Majefté *Danoife*, avoit fait envifager comme très prochaine.

En effet, le 29, M. le Maréchal, qui étoit encore dans fa Pofition de *Lunebourg*, apprit que M. le Prince *Ferdinand* avoit fait fommer M. de *Pereufe*, Commandant dans *Harbourg*, & que fur le refus qu'il avoit fait de fe rendre, les Ennemis avoient recommencé les Hoftilités en canonnant cette Place.

Il apprit en même tems qu'un Corps de *Pruffiens*, parti de *Halberftadt*, fe diri- geoit fur *Brunswick* & *Wolffenbuttel*.

Dans ces Circonftances, M. le Maréchal, qui pendant fon féjour à *Lunebourg*, avoit fait approvifionner le Château de *Harbourg*, jetta 500 Hommes pour renforcer encore la Garnifon, compofée du Régiment de la *Roche-Aimon*, & fe détermina à venir prendre une Pofition centrale, où il pût raffembler fon Armée. En conféquen- ce il fit replier, fur *Zell*, les Troupes qu'il avoit portées à *Lunebourg*; & celles, auxquelles il avoit envoyé ordre de le joindre dans cette Pofition, s'y font raffem- blées fucceffivement.

La

La Marche depuis *Luxebourg* s'est faite tranquillement sous les Ordres de M. le Marquis de *Villemur*, qui est arrivé à *Zell* le 9. Les Ennemis n'ont été vus que par un Détachement qui couvroit le Flanc de notre Arrière-Garde. Ce Détachement étoit composé de 200 Hommes de *Fischer*, commandé par le Sr. de *Clerr*, Lieutenant Colonel dudit Corps, & du Régiment de *Caraman*, le tout aux ordres de M. de *Caraman*. Le Détachement des Ennemis, qui le suivoit, étoit d'environ 1500 Chevaux mêlés de Chasseurs. M. de *Caraman* étant obligé de se retirer par un Village, qui avoit, en avant de soi, un Pont, sur lequel il falloit défiler, prit le parti de charger auparavant les Ennemis qui le pressoient, pour pouvoir assurer sa Retraite. En conséquence il fit mettre pied à terre à un Escadron de son Régiment, & lui fit border les Hayes avec les Grenadiers de *Fischer*; il se mit à la tête de son Détachement, & marcha à la Cavalerie Ennemie, qui venoit sur lui au grand Trot; il l'enfonça, lui tua plus de 150 Hommes, mit le reste en déroute, fit plusieurs Prisonniers, entre autres le Commandant des Chasseurs, & continua tranquillement sa Retraite.

Cette Action fait autant d'honneur à la Bravoure du Détachement en général, qu'à l'Intelligence, & la bonne Conduite des Chefs.

M. de *Caraman* a perdu 10 ou 12 Officiers tués ou blessés, & environ 60 Dragons & Hussards.

Le 12, quelques Détachemens de Chasseurs parurent à une lieue de *Zell*, & escarmouchèrent toute la journée avec les *Volontaires de Hainault*, & les Volontaires aux Ordres du Sieur *d'Aufrency*.

Le 13, le Prince *Ferdinand*, qui croyoit, sans doute, que M. le Maréchal n'avoit pas rassemblé assez de Troupes pour tenir la Position qu'il avoit prise à *Zell*, fit paroitre, à la tête d'un Fauxbourg de cette Ville, nommé *Fauxbourg de Lunebourg*, un Détachement considérable, qui fut soûtenu de toute son Armée. Ce Fauxbourg n'étant susceptible d'aucune Défense, M. le Maréchal ordonna, aux *Volontaires de Hainault*, qui étoient en avant, & aux Grenadiers, qui y avoient été portés, de se retirer. Il fit mettre le feu à quelques Maisons, qui masquoient le Débouché de la Ville, & fit brûler le Pont. L'Armée ennemie arriva dans l'après-midi sur les Hauteurs qui sont en avant de ce Fauxbourg, & y campa. M. le Maréchal n'avoit encore à portée de lui que 44 Bataillons & 42 Escadront, qui passèrent la Nuit & le Jour suivant au Bivouac.

Les Ennemis restant le 15 dans leur Position, & dans l'inaction, M. le Meréchal fit camper son Armée; elle s'est renforcée, dans la Journée du 16 & du 17, des Troupes qui avoient ordre d'arriver, & qui forment aujourd'hui 74 Bataillons & 70 Escadrans.

Détail *de ce qui s'est passé à l'Armée de* M. le Maréchal de Richelieu, *depuis le* 19 *Décembre.*

De *Zell* le 26 Décembre. Les Armées étant encore en présence le 29, M. le Prince *Ferdinand* fit, le lendemain, un Mouvement pour reculer sa Droite, & camper sa Gauche appuyant à la petite Riviére de *Lacht*, & la Droite au Ruisseau de *Kleinhehlen*, & tenant toûjours son Quartier Général à *Attenhagen*.

L'Ar-

L'Armée de M. le Maréchal avoit conservé son Camp sur deux Lignes, la Droite appuyée au petit Village de *West-Zell*, ayant en Potence les *Grenadiers de France*, & les *Grenadiers Royaux*; la Gauche tirant au Pont de *Schafferey*, à l'extrémité du Fauxbourg de *Zell*, dit *Fauxbourg Nieubourg*, & la Ville couvrant par conséquent le Front du Camp.

Les Mouvemens que M. le Maréchal fit le 20 & 21, par sa Droite sur l'*Aller*, déterminerent les Ennemis à garnir la Riviere de *Lacht*, & à faire occuper plus en force le Village de *Lachtendorff*. C'est dans cette Position, que M. le Maréchal ayant résolu de les attaquer, ou de les deposter, commença dès le 21, à faire les Manœuvres qui pouvoient concourrir au succès d'une Operation, que la nature du Terrain, & la Position des Ennemis rendoient difficile, mais qu'il n'étoit pas moins indispensable d'entreprendre pour satisfaire à toutes les raisons que M. le Maréchal avoit de passer l'*Aller*.

En conséquence, le 21, M. le Duc de *Broglie* fut chargé d'aller prendre le Commandement de 12 Bataillons, & de 8 Escadrons rassemblés dans le Duché de *Bremen*. Ce Corps fut destiné à agir sur la *Bohme*, & à pénétrer dans cette Partie, de façon à tourner la Droite des Ennemis & à intercepter leurs Convois, en se portant jusques dessus *Wolthusen*, si les Circonstances le permettoient.

Dans les Journées du 21, 22 & 23, l'on fit toutes les autres Dispositions qui pouvoient donner de la Jalousie à l'Ennemi sur la Gauche & sur les Derriéres. Le 24, M. le Marquis de *Villemur* ayant à ses Ordres MM. *Dandlau*, de *Spaar*, de *Laval*,

G 2

&

& de *Dombale*, Maréchaux de Camp, 10 Bataillons & 14 Efcadrons de Cavalerie ou Dragons, le Régiment de Huffards de *Poliereesky*, les *Volontaires de Flandres*, & 8 Pièces de Canon, devoit paffer l'*Aller* à *Munden*, & favorifer, par fes Manœuvres, en avant, la Conftruction des Ponts, que le Corps de l'Armée, raffemblée à *Offen-fen* & *Swaghufen* devoit y jetter.

M. de *Laval*, avec une Avant-Garde de 1300 Hommes de ce Corps, étoit char-gé de chaffer les Troupes qui pouvoient être établies dans les Villages d'*Ausbeck*, *Garmefen*, & *Lachtendorff*, & de-là, fi les Ennemis n'occupoient plus ces Villages, al-ler prendre Pofte fur les Hauteurs qui font au-delà, pour protéger la Conftruction des Ponts, que l'on devoit jetter tant fur l'*Aller*, que fur la petite Rivière de *Lacht*.

Le Sieur de *Grandmaifon*, Major des *Volontaires de Hainault*, avec 400 Chevaux choifis, étoit chargé de fe porter, dès le 24 au foir, fur *Ultzen*, pour brûler les Ma-gafins & les Etabliffemens que les Ennemis avoient dans cette Ville, & intercepter leurs Convois.

Pendant que M. le Marquis de *Villemur* étoit occupé de ces différentes Opéra-tions, M. de *Caraman*, avec fon Régimeut. & celui de la *Dauphine*, Infanterie, 2 Compagnies de Grenadiers, 2 Piquets, une Compagnie de 200 Volontaires; nom-més *Chaffeurs de Richelieu*, aux Ordres du Sieur d'*Anfreney*, & le Corps de *Fifcher*, devoit paffer l'*Aller* au Pont de *Schafferey*, pour faire une fauffe Attaque dans cette Partie, fur les Points de *Kleinhehlen*, & de *Grosbehlen*.

En même tems, M. d'*Auvet* avec 7 Bataillons, 4 Efcadrons, les *Volontaires de*
Hai-

Hainault, 100 Huffards & 6 Pièces de Canon, devoit auffi néboucher du Fauxbourg de *Lunebourg*, pour faire également une fauffe Attaque, laquelle devoit être renforcée, fi le fuccès des autres parvenoit à rendre celle-ci plus importante.

M. le Duc d'*Ayen*, ayant à fes Ordres M. de *Segur* & la Brigade de la *Marine*, *Vaubecourt* & *Orleans*, Infanterie, celle de Cavalerie de *Cravattes*, 4 Efcadrons de *Gendarmerie*, & 8 Pièces de Canon, devoit déboucher par le Pont d'*Altenzell*, qui avoit été établi pour éclairer tout ce qui pouvoit venir du haut *Aller*, & pour agir de concert avec le Corps de l'Armée.

La Brigade d'*Orleans* fut détachée de ce Corps, & deftinée à être aux Ordres de M. de *Maupeou*, pour opérer une autre Diverfion fur le Point de *Lachtenhaufen*.

Le refte de l'Armée devoit fe porter à *Offenfen*, & *Swaghufen*, & y former deux Lignes; la première étoit compofée des Brigades de *Picardie*, *Navarre*, *Belzunce*, *la Tour du Pin*, & *Lyonnois*, Infanterie; de Cavalerie, des *Cuiraffiers*, *Commiffaire Générale*, *Royal Allemand*, *Royal Rouffillon*, & de 24 Pièces de Canon.

Et la feconde étoit compofée des Brigades de *Champagne*, *Dauphin* & *Aquitaine*, Infanterie des *Carabiniers*, du Régiment de *Harcourt*, & de 14 Pièces de Canon.

Les Troupes de feconde Ligne, aux Ordres de M. le Comte de *Noailles*, Lieutenant Général, & de M. de *Monty*, Maréchal de Camp, étoient chargées de jetter les Ponts, dont M. de *Villemur* devoit protéger la Conftruction avec fon Corps, tandis que la première Ligne refteroit en Bataille fur le Bord de l'*Aller*, entre *Offenfen* & *Swaghufen*.

G 3

Tou-

Toutes ces Dispositions ayant eû le succès qu'on devoit attendre d'une Opération si bien combinée, l'Armée fut en état de déboucher de ces Ponts le 25 à 8 heures du matin. M. le Maréchal s'étoit porté, à minuit, avec son Etat-Major, à *Swaghusen*. Il y apprit, au point du jour, que les Attaques de la Gauche, n'ayant trouvé que très peu d'obstacles à leurs Débouchés, avoient poussé jusques dans le Camp des Ennemis, qu'on avoit trouvé abandonné; ils en étoient partis dans la nuit; & avoient marqué leur Retraite, dans l'après midi, par différens Mouvemens qu'on leur avoit vû faire du côte de *Winsen*.

Dès que M. le Maréchal eut reçu cet Avis, il ordonna d'envoyer, à leur Poursuite, tous les Détachémens à qui la fatigue excessive des Journées précedentes, & la rigueur du tems, permit de marcher; on leur a fait jusqu'à présent environ 100 Prisonniers; on leur a tué ce qu'une Retraite précipitée a permis de joindre, & nous n'avons perdu que 20 Hommes environ.

L'on a pris beaucoup de Chariots chargés de Subsistances & de Bagages: les Ennemis continuënt leur Retraite sur *Lunebourg*, par la Route qu'ils ont tenu en venant à *Zell*. M. le Maréchal est revenu, le 25 au soir, dans cette Ville; il a placé son Camp dans le Terrain qu'occupoit M. le Prince *Ferdinand*.

L'on apprend à l'instant que les *Volontaires de Flandres*, qui étoient allés, par la Droite, à la Poursuite des Ennemis, ont pris 120 Chevaux, & beaucoup de Chariots chargés d'Equipages, de Provisions, & d'Agrets de Pontons.

MOIS

MOIS DE JANVIER 1758.

DE *Hannovre* le 14. M. le Maréchal étant informé que 6 Bataillons, un Régiment de Dragons, & un de Huffards *Pruffiens*, étoient à *Halberftadt*, réfolut de les enlever, & de troubler tous les Quartiers des *Pruffiens*, qui empêchoient le Payement des Contributions, de punir en même tems les Habitans de cette Ville, qui depuis l'arrivée des *Pruffiens* avoient refufé de les payer en Argent, ainfi que les Fournitures de Grains, comme ils s'y étoient foùmis; il étoit neceffaire de profiter de cette Circonftance pour ravitailler le Château de *Regenftein*, qui n'avoit plus de Vivres que pour 7 ou 8 Jours.

M. le Marquis de *Voyé*, Maréchal de Camp, qui commandoit depuis longtems à *Wolffenbuttel*, a été chargé de cette Expédition, avec 11 Bataillons, 36 Piquets, deux Régimens de Cavallerie, un de Huffards, & 400 Chevaux venant de *Brunswick*.

M. le Marquis de *Voyé* a raffemblé ces Troupes dans la Journée du 10, fur le haut *Ocker*, avec toutes les précautions poffibles pour barrer tous les Chemins, & arrêter tout ce qui fe trouveroit & pourroit porter des Nouvelles. Le même Jour, avant la nuit, il s'eft mis en Marche fur trois Colonnes.

CELLE de la Droite, aux Ordres de M. *Turpin*, étoit compofée du Régiment de *Royal Baviere*, & celui de Cavalerie de *Moutiers*, précedés par 300 Huffards, 4 Compagnies de Grenadiers, 12 Piquets venant de *Goslard*; elle a débouché de *Schladen*, dirigeant fa Marche par *Stupelembourg*, de *Herunbourg*, & laiffant le Ruiffeau

feau de *Holtheim* fur fa Gauche, elle devoit fe porter vis-à-vis la Porte de *Halberftadt* qui va à *Quedlinbourg*.

CELLE du Centre, aux Ordres de M. de *Langeron*, compofée de deux Bataillons *Autrichiens*, du Régiment de *Condé*, Infanterie, du Bataillon des Grenadiers de *Bergeret*, & du Régiment de Cavalerie de *Berry*, le tout précedé de 100 Huffards, a débouché par *Hornbourg*, & dirigeant fa Marche par *Ofterwick* & *Zillingen*, devoit fe porter à la Porte de *Halberftadt*, qui eft en face de ce Chemin ; elle avoit avec elle 4 Pieces de Canon, & un Pétard pour faire fauter la Porte.

CELLE de la Gauche, aux Ordres de M. de *Belzunce*, étoit compofée de 4 Bataillons de fon Régiment, de 6 Compagnies de Grenadiers, 24 Piquets, 400 Chevaux venant de *Brunswick* ; elle a débouché d'*Akem*, & dirigeant fa Marche par la Digue de *Kirisdam*, elle devoit, en laiffant le Bois de *Kimbourg* à fa Droite, aller paffer le Ruiffeau de *Holtheim*, au-deffous de *Halberftadt*, & masquer la Porte de cette Ville qui va à *Afchersleben* & *Gruningen*.

M. de *Voyé* a marché avec la Colonne du Centre ; ces trois Colonnes ont débouché à l'heure prefcrite ; les Glaces, que les Colonnes de la Gauche & du Centre ont trouvées, en Chemin, ont un peu retardé leur Marche ; l'autre eft arrivée le 11 au matin, à l'heure précife, à fa Deftination ; les *Pruffiens* avoient envoyé une Patrouille jufqu'à *Ofterwick*, qui leur avoit rapporté qu'il n'y avoit rien de nouveau, que tout étoit dans la plus grande tranquillité ; mais la feconde Patrouille, qu'ils firent partir à trois heures du matin, ayant trouvé l'Avant-Garde de *Turpin*, fut attaquée

quée & repliée; elle porta l'allarme, & détermina les Ennemis à partir brusquement, ce qu'ils n'auroient plus été à tems de faire, si les deux autres Colonnes n'avoient pas trouvé autant d'obstacles dans leur Chemin, qui avoient retardé leur Marche, ce qui donna le tems aux Ennemis de se retirer à la hâte, laissant leur Hôpital, & beaucoup d'effets, dans la Ville; ils ont abandonné *Quedlinbourg* avec la même précipitation. Ils se sont tous retirés à *Aschersleben* sur la Route de la *Sala*.

M. de *Voyé* a fait entrer des Vivres pour 6 Mois dans *Regenstein*; il a exigé de la Ville 200 mille Ecus à compte de ce qu'elle devoit de Contribution; il a fait distribuer, aux Troupes, en Gratification, 70 Rations de Pain, que les *Prussiens* ont laissé; il a fait brûler un Magasin d'Echelles, qu'ils avoient preparé, sans doute, pour quelque Expédition secrette, en quoi cette grande quantité de Pain cuit ajoute au soupçon.

M. de *Voyé* a envoyé le 12, un Détachement à *Quedlinbourg*, pour y brûler un Magasin considérable de Fourages, que les *Prussiens* y avoient rassemblé.

Du 20. Après la Retraite précipitée que l'Armée *Hannovrienne* a fait de son Camp de *Zell*, à l'approche de l'Armée *Françoise*, M. le Prince *Ferdinand de Brunswick*, qui commande cette Armée, en détacha 8 Bataillons, & 6 Escadrons, aux Ordres du Général d'*Oberg*, pour aller sur *Bremervorde*.

M. le Maréchal, instruit de ce Détachement, & craignant que ce Corps ne se portât sur *Bremen*, & ne s'emparât de cette Ville, dont le Peuple est fort attaché aux *Hannovriens*, ordonna, à M. le Duc de *Broglie* avec le Corps à ses Ordres, de se porter sur la Basse *Wumme*, pour s'opposer aux Projets des Ennemis, & pour re-

H

pren-

prendre en même tems un Magafin confidérable de Fourages de *Vegefack*, dont les Ennemis s'étoient emparés par furprife, pendant qne l'Armée *Françoife* étoit occupée toute entière fur le haut *Aller*.

M. le Duc de *Broglie* arriva fur la Baffe *Wumme* avant les Ennemis, s'empara du Magafin de *Vegefack*, & d'un autre Magafin de Bled qu'ils avoient formé, dont il fit enlever tous les Grains.

Le Général d'*Oberg*, informé de la Prife de ces Magafins, ramaffa toutes les Troupes qu'il avoit à *Buxtehude*, *Stade*, & *Bremervorde*, & les ayant joint au Corps de 8 Bataillons, & 6 Efcadrons, qu'il commandoit, il marcha rapidement fur la Baffe *Wumme*, pour attaquer, le 12, M. de *Broglie*, dont les Troupes affoiblies par les fatigues & la rigueur de la Saifon, étoient extrêmement foibles, fur-tout les Bataillons *Palatins*, dont un étoit reduit à 220 Hommes.

A l'approche de ce Corps, M. le Duc de *Broglie* fe prépara à faire paffer la Baffe *Wumme* fur le Pont de *Bourg*, aux Troupes qu'il avoit au-delà de cette Rivière, & pour fe procurer le tems de faire repaffer ce Pont à ces Troupes, il fit attaquer l'A-vant-Garde de l'Ennemi, par un Détachement aux Ordres de M. le Chevalier de *Beauvau*; ce Détachement pouffa d'abord les premiers jufqu'au Village de *Ridershu-de*, & s'empara même du Village; l'ayant paffé il trouva au-delà les Troupes *Han-novriennes* en Bataille avec de l'Artillerie, qui le pouffèrent à leur tour, & l'obligè-rent de fe replier.

Le tems que dura cette Manœuvre donna, à M. de *Broglie*, celui de faire repaffer

fer le Pont de *Bourg* à ſes Troupes, & lorſque M. le Chevalier de *Beauvau* l'eût re-
joint, il ſe replia ſur le Fauxbourg de *Bremen*, abandonnant, aux Ennemis, 'e Maga-
ſin de *Vegeſack*, qu'il n'avoit pù enlever faute de Voitures.

Les Ennemis paſſerent la *Wumme*, & parurent avoir deſſein d'attaquer les Troupes
Françoiſes, & de s'emparer de *Bremen*; M. de *Broglie*, par ſes Manœuvres, leur en a
aſſez impoſé pour donner le tems, à une partie du Secours que M. le Maréchal lui a
envoyé, de le joindre. Ce Secours conſiſtoit dans le Régiment d'Infanterie de *Bretagne*, ceux de *Courten*, *Naſſau Uſingen*, *Löwendahl* & *Berg*; le Régiment de *Bretagne*
l'a joint le 15.

M. le Duc de *Broglie*, inſtruit des Manœuvres, que les *Hannovriens* faiſoient dans
la Ville pour s'en emparer, ſe prépara le 15 à les prévenir, & conformément à l'Ordre qu'il avoit de M. le Maréchal, il fit ſes Diſpoſitions pour ſe rendre Maître de
cette Ville, établit ſes Canons vis-à-vis des Portes pour les enfoncer, & plaça ſes
Troupes ſur trois Colonnes, pretes à paſſer le Foſſé de la Ville ſur la Glace, & à
monter ſur le Rempart, qui n'eſt point revêtu. Il fit prévenir les Magiſtrats de ſes
intentions, en leur faiſant part de l'Ordre qu'il avoit; il leur proteſta, au nom de
M. le Maréchal, qui ce n'étoit que la néceſſité de prévenir les *Hannovriens*, qui l'en
gageoit à s'emparer de la ville; que la Conduite que l'Armée *Françoiſe* avoit tenu depuis trois mois, leur étoit un ſûr Garant, que ſans cette Circonſtance, on n'auroit
jamais penſé à occuper **cette** Ville, & il leur donna deux heures pour avoir leur
Réponſe.

H 2

Au

Au bout de ce tems, ils lui apportèrent un Projet de Convention, dont les Articles tendoient à la Confervation de leur Ville, de leurs Privilèges, & de leur Commerce; M. de *Broglie* l'approuva & le figna, & on lui remit une Porte de la Ville, le même Jour à fix heures du foir. Il y établit fix Compagnies de Grenadiers, aux Ordres de M. de *Wurmfer*, avec Défenfe de laiffer entrer aucun *François* dans la Ville.

Pour affurer ces Conditions, M. le Duc de *Broglie* avoit fait occuper le Village de *Watte*, & mafquer celui d'*Olfelhaufen*, où les Ennemis étoient en force, & d'où, en marchant fur lui, ils auroient pû empêcher la furprife de la Ville.

Le 16 au matin, il entra dans *Bremen* fans Troupes, & fe rendit à l'Hôtel de Ville; il fut infulté par le Peuple, qui fe raffembloit armé de haches, & de différentes Armes de cette efpèce; il envoya chercher trois Compagnies de Grenadiers pour le contenir; cette Populace voyant entrer les Troupes, alla à la Porte, & attaqua une Compagnie de Grenadiers, qui la gardoit; un Grenadier eût fon fufil coupé d'un coup de hache, mais cette Compagnie, ayant tiré quelques Coups de Fufil fur ces Mutins, en tua trois, & le refte fe diffipa.

M. le Duc de *Broglie* fit alors entrer les Troupes dans la Ville, & les fit mettre en Bataille en différens Endroits, jufqu'à ce que les Magiftrats euffent préparé le Logement. Ce Logement fait, les Troupes y font entrées, & il n'y a pas eu le moindre Defordre.

F I N.

ETAT

ETAT

Des Cantonnemens de l'Armée, pris derrière le Rhin, par S. A. S. Monseigneur le Comte de *Clermont*, au Mois d'Avril 1758.

	Bataillons.	Escadrons.
A Wesel.		
Picardie	4	
Enghien	2	
Autrichiens	1	
Chabrié Artillerie	1	
Reding	1	
Polterescky Hussards		4
Ouvriers de Thomassin.		
A Burich.		
Cosne	1	
La Motbe	1	
Menonville	1	
Comp. d'Ouvriers & de Mineurs.		
A Rhinberg.		
Aumont		2
A Orsoy.		
Royal Roussillon		2
A Mœurs.		
Navarre		
A Homberg & Eschenberg.		
Cambresis	1	

	Bataillons.	Escadrons.
A Emmerick.		
Royal Roussillon		2
A Urdingen.		
Auvergne.	4	
A Linn.		
Marcieu.		2
A Crevelt.		
Champagne	4	
A Osteraldt & Fischelen.		
Tenner		2
A Langst.		
Planta		2
A Keiserswert.		
Tournesis		2
A Buderick, Nider & Over Lurick.		
Royal Etranger		2
A Neuss.		
Le Roi	4	
A Gnadental.		
Royal Cravattes		2

	Bataillons.	Escadrons.
A Gremelichausen		
Lenoncour		2
A Zons.		
Broncas		2
A Wering & Dormagen.		
Montcalm		2
A Cologne.		
Belsunce	4	
Provence	2	
A Duits.		
Volont^{res} de Flandres		
A Cleves.		
La Marine	4	
Mestre de Camp		1
A Duffelvert.		
Mestre de Camp		1
A Kellen & Brieven.		
Aquitaine		
A Quaetberg & Hulsen.		
Aquitaine		

	Bataillons.	Escadrons.
A Griethuisen.		
Perigord	1	
A Werbeyen, Moiland & Till.		
Clermont Tonnerre		2
A Griet & Wissel.		
Colonel Général		3
A Calcar.		
Eu	2	
A Humpel, Over & Nider Morimpten, Varden, Luttingen & Balcken.		
Lochman	2	
A Apeltorn & Marienboom.		
La Rochefoucoat		2
A Sonsbeck.		
Dauphin		2
Tailleyrand		2
A Santen.		
Cuirassiers		2
Conty	2	
A Alpen.		
Harcourt		2
Fumel		2
A Ziflik & Niel.		
Berry		2
A Nuterden.		
Bellefonds		2
A Mooch & Nidlaer.		
Condé		2

	Bataillons.	Escadrons.
A Gennep.		
Bretagne		2
A Oetersen, Homersum, Afferden & Keffelt.		
Le Roi		2
A Hassum, Niencloster, Asperden & Heisseim.		
Noailles		2
A Goch.		
La Tour du Pin	2	
A Wese & Vissem.		
Maugiron		2
A Kevelaer & Wetem.		
Orleans		2
A Valbeck.		
Dampierre		2
A Uden.		
Aquitaine	2	
Royal Piedmont		2
A Stralen.		
Orleans Dragons		4
A Gueldres.		
Autriobiens		1
A Stegen & Islem.		
La Reine		2
A Zevelaer & Neukirken.		
Vienne		2
A Aldekirken.		
Arbiac		2
A Wachtendonck.		
Condé		2

	Bataillons.	Escadrons.
A Kaidekirken.		
Chartres	2	
A Bruggen.		
Mestre de Camp Dragons		4
A Ruremonde.		
Dauphin	2	
Royal Comtois	2	
Rochefort	2	
Colonel Général Dragons		4
A Keffel.		
Gardes Lorraines	2	
A Vassemberg.		
Harcourt Dragons		4
A Dulken, Suchtelen, Geladeback, Dalen & Vickrade.		
Carabiniers		10
A Kempen.		
Orleans	2	
A St. Antonis.		
La Couronne	2	
A Wilick.		
Courten	2	
A Kaarst & Ostbutgen.		
Charost		2
A Grevenbrock & Caster.		
Bourbon Busset	2	
A Bedburg & Bergen.		
Touraine	2	
A Hammersbach.		
La Marck	2	

	Batail- lons.	Esca- drons
A Paffendorf.		
Royal Lorraine	1	
A Kerpen.		
Vaston	2	
A Norvenick.		
Mouftier		2
A Zulpich.		
Volontaires Royaux.		
A Greminick & Legenich.		
Berchiny Huffards		2
A Euskirken.		
Vaubecourt	2	
A Duren & Nidegen.		
Zachtny Huffards.		

	Batail- lons.	Esca- drons.
A Hamback.		
Bourgogne	2	
A Duffeldorf & Juliers.		
Palatins	10	
A Aldenoven , Linnick , & Geilekirken.		
Grenadiers Royaux.		
A Randerat & Gangelt.		
Grenadiers de France . .	4	
A Tudder & Sittart.		
Caraman Dragons		4
A Heinsberg.		
Le Roi Dragons		4

RECAPITULATION
des Troupes en Cantonnement

	Batail- lons.	Esca- drons.
Infanterie	105	
Cavalerie		104
y compris les Huffards & Dragons.		

ORDRE DE BATAILLE DE L'ARMÉE DE Mr LE MARÉCHAL D'ESTRÉES. 1757.

Mr. LE MARÉCHAL D'ESTRÉES.

LIEUTENANTS – GÉNÉRAUX.

Mr. le Duc d'Orléans	Mr. de Villemur.	Mr. de [illegible]
Dr de Cârdint. Chr. de Mny. D. de Fitzjames.	Croatam. Comte de Noailles, La Vauguion. Grdr. Somi.	D. [illegible]

MARÉCHAUX DE CAMP.

Vaubeon. Loftis. Barbançon. Perigh. Dawest. Linal. Maupeou. Ségur. D. d'Aatin. P. de Bonnere. d'Olonne. Brux. [illegible] [illegible] Du Chatel. Braucat. Fouquet. Lurmeaux. [illegible] La Grill. De Ls.

BRIGADIERS.

Bellefonds. Périgord. Clermont Tonnerre. | Préhent. Mailly. La Rochaimon. Langeron. Rochechouart. Châtelut. Gouvon. | Saillant. Gallis. de [illegible]

Left margin: Brigadiers. / Maréchaux de Camp, Rouges. Cor de Pre[illegible], La Sept. de Laumm[illegible]. / Lieuten. Généraux, La Sept. d'Armentiere.

LIEUTENANTS – GÉNÉRAUX.

Duc de Brissac.	Mr. de Contades.	Duc de Randan.
D. de Fleury. Montboissier Morangies.	Comte de Fitzjames. D. de Deaux. D. d'Henri. D. de Lausegauis. De Cirvirt.	B. de Montmorency. Danilan. Pirronne.

MARÉCHAUX DE CAMP.

Montmiet. Luxembourg. Verzeil. Roffer. Spiart. Du Bl. Planta. Bergaide. Leith. Le Maffre. Dejeans. Comte de Montmorency. Beauclaire. St. Simon. La Croix.

BRIGADIERS.

Chevalier de Fleury. | Saillt. Bergh. Twedofell. La Marck. Le Glèbre. Pelignac. | Dejeans. Silvestre. d'Esgnvilly.

Right margin: Cavalerie. / Maréchaux de Camp, G[illegible]. / Lieutenants Généraux, G[illegible].

<table>
<tr><th colspan="3">ETAT MAJOR.</th></tr>
<tr><td colspan="3">Colonel Général Commandant la Cavalerie … Mr. le Prince de Turenne.
Colonel Général Commandant les Dragons … Mr. le D. de Chevreuse.
Meftre de Camp Général … Mr. le D. Coigny.</td></tr>
<tr><th>De l'Armée.</th><th>De l'Infanterie.</th><th>De la Cavalerie.</th></tr>
<tr><td>Maréchal Génér. des Logis.
Le Cte de Maillebois.</td><td>Major Général.
Cornillon.</td><td>Maréchal Génér. des Logis.
Chr. de Chabo.</td></tr>
<tr><th>AIDES.</th><th>AIDES.</th><th>AIDES.</th></tr>
<tr>
<td>Marquis de Fizal.
De Bopes.
De Crépa.
Donbepa.
Chr. de Muanat.
De Guiter.
Denguvanu.
Dupairs.
De l'Aiguieit.
De Montebea.
De Marbal.
Reiaus.
De Lisac.
Dourigscist.
D'Esary.
De Meleift.
De Milfst.
D'Jega.</td>
<td>Vicomte de Sibourg.
Cougeaut.
Futillier.
Surocville.
Elévaut.
Lugueror.
Noucourt.
Chr. de Peyjgur.
Norlans Pelle.
Chr. à Chaulus.
St. Leaux.
Allemil.</td>
<td>St. Trego.
St. Sureur.
Du Foul.
Puglia.
Dipontestrun.
Rideraut.
St. Martin de Tournetju.
Tel.
Burg.
Chr. à Art.</td>
</tr>
<tr><th>Surnuméraires.</th><th>Surnuméraires.</th><th>Surnuméraires.</th></tr>
<tr>
<td>Mr. de Puyjeges.
De Loual Mesgrigny.
Le Duc de Léségur.
Le Duc de Fronfac.
De Moreval.
Marel Vaera.
De Bordaliesc.
De Niljen.</td>
<td>Rochecohar.
Comte de Roart.
Sebart.
Chevalier de Rugeoit.
Chevalier de La Tour du Pin.
St. Ear.
Ballows.</td>
<td>Roupilaus.
Le Fevre.
Comte de Busl.
Baulfat.</td>
</tr>
</table>

Infanterie.

Regt. detachés.
Infanterie.
[illegible] … Postes.
Lieutenant Général. Villars.
Maréchal de Camp. Chr. de [illegible].
Brigadier. Dejeliners.
Corps en corps pour les Marches.
Chr. Regal de Stier en [illegible]. Volontaires de Flandres. Vieques de Haberd.
Pour couvrir le Quartier Général.
Lieutenant Général. St. Pern.
Maréchaux de Camp. Bonyfian. Dreux.
Brigadiers. Bergan. Molans. Lesigant.
Volontaires Royaux. Chasseurs de Fifcher.

Récapitulation.

Bataillons … 105.

Efcad. … 143.

Artilléc … [illegible].

Réferve commandée par Mr. le Prince de Soubise.

Bataillons … 16.
Efcadrons … 24.
Artillerie … 10 piéces.

Carabiniers.

Maréchaux de Camp. La Valette. Beffenval. Pognac.

Brigadier. Maijon.

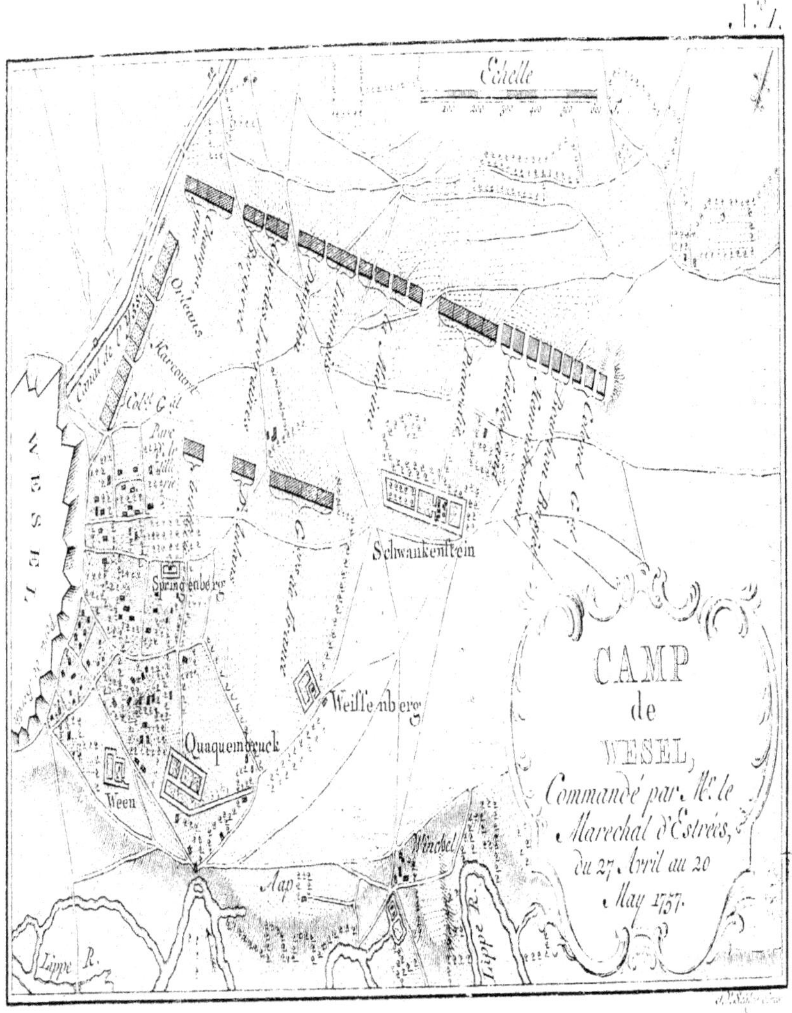

Echelle
WESEL
Orleans
Harcourt
Col. G.al
Parc
Springenberg
Schwankenstein
Weissenberg
Quaquembruck
Ween
Winchel
Aap
Lippe R.
CAMP
de
WESEL,
Commandé par M. le
Marechal d'Estrées,
du 27. Avril au 20
May 1757.

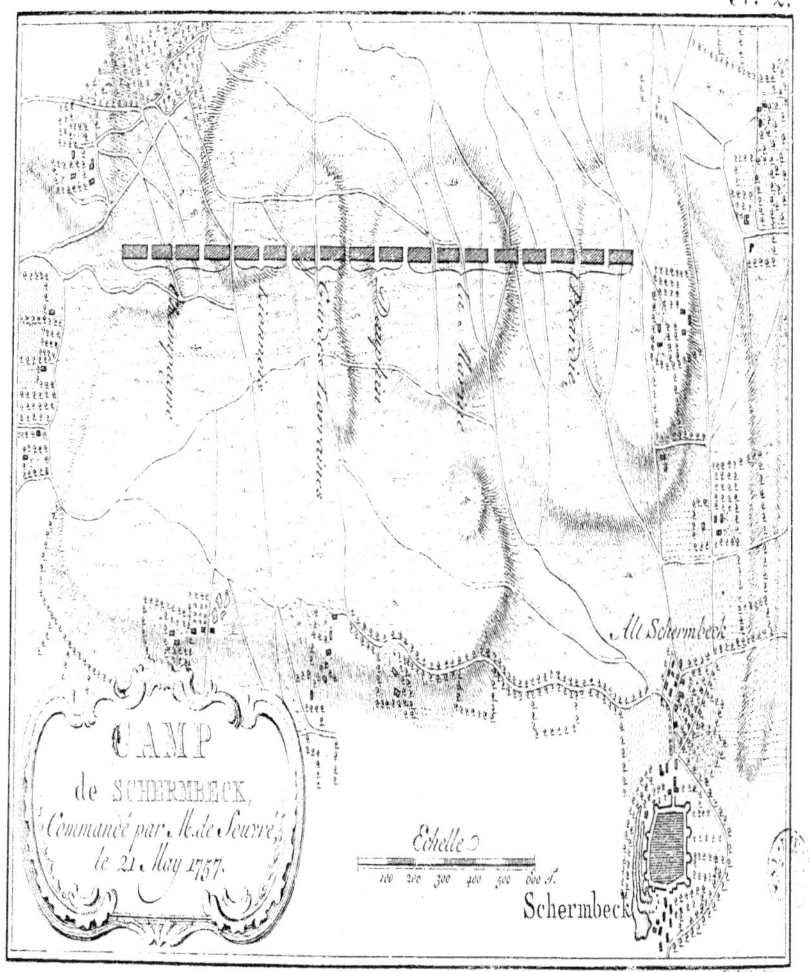

N.º 2.
CAMP
de SCHERMBECK,
Commandé par M. de Souvré,
le 21 May 1757.
Echelle
100 200 300 400 500 600 f.
Alt Schermbeck
Schermbeck

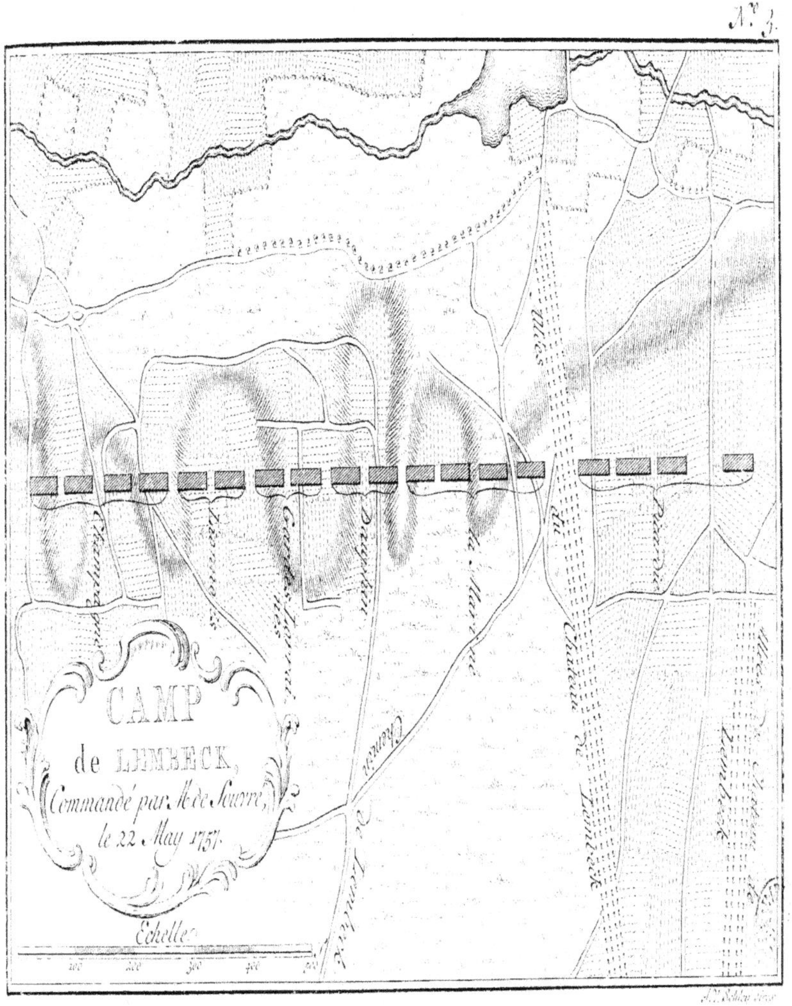
CAMP
de LEMBECK,
Commandé par M. de Seurre,
le 22 May 1751.
Echelle
100   200   300   400   500

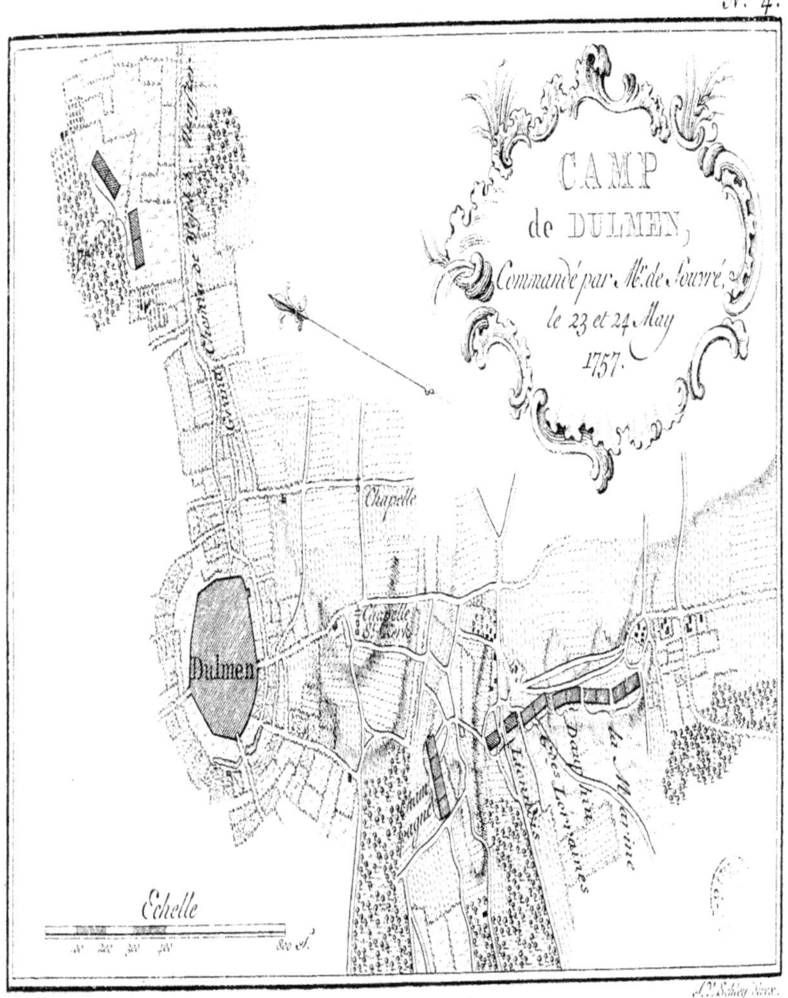
CAMP
de DULMEN,
Commandé par Mr. de Souvré,
le 23 et 24 May
1757.
Chapelle
Chapelle
Dulmen
Echelle
100 200 300 400 800 t.

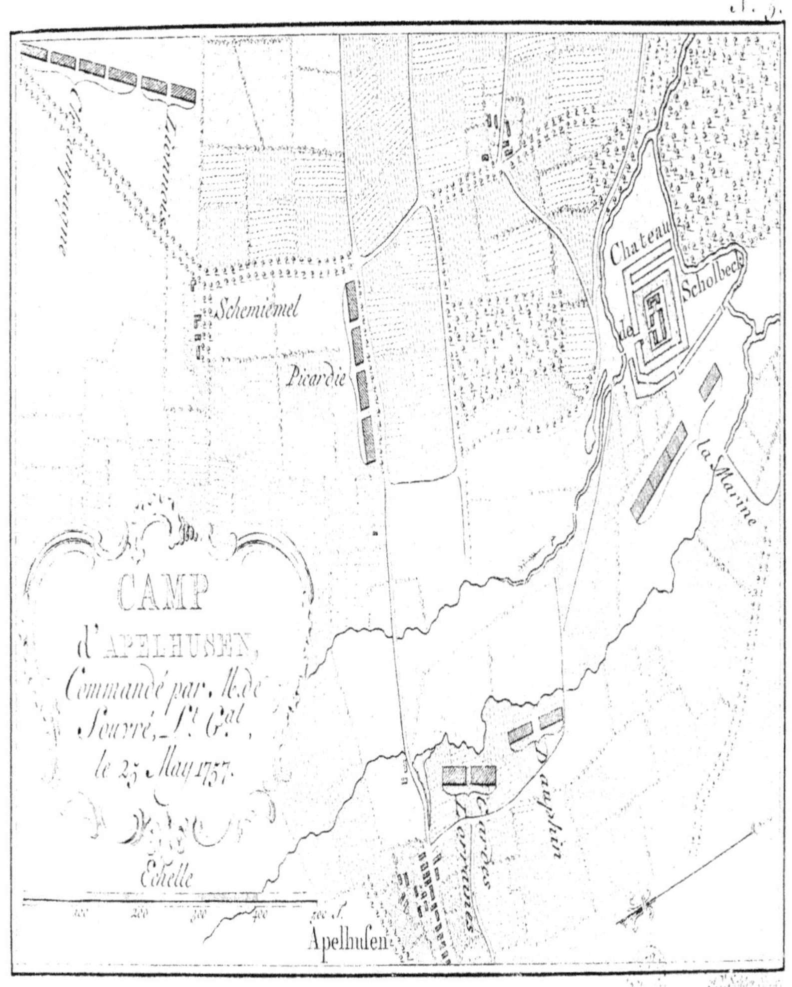

N.º 5.
Schemiémel
Picardie
Chateau de Schollbech
la Marine
CAMP
d'APELHUSEN,
Commandé par M. de
Souvré, L.t G.al,
le 25 May 1757.
Echelle
100   200   300   400   500 t.
Dauphin
Gardes Lorraines
Apelhusen

CAMP
de MUNSTER,
Commandé par. Mr. le
Mal. d'Estrées,
du 26 May au 4 Juin
1757.
Echelle
100   200   300   400 et.
MUNSTER
St. Maurice
Parc
Parc

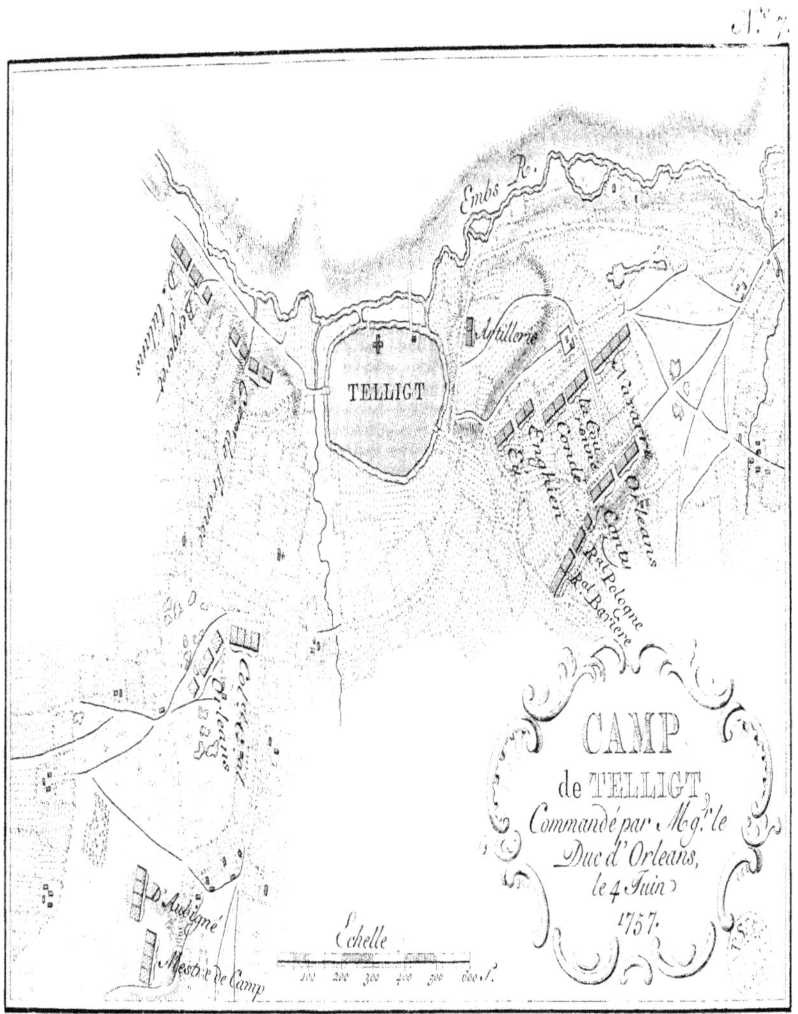

Embs R.
TELLIGT
Artillerie
Orleans
la Cour
Conty
Condé
Enghien
R. al Pologne
R. al Barriere
D'Aubigné
Mestre de Camp
Echelle
100 200 300 400 500 600 S.
CAMP
de TELLIGT
Commandé par Mgr. le
Duc d'Orleans,
le 4 Juin
1757.
N.º 7.
A. V. Schley direx.

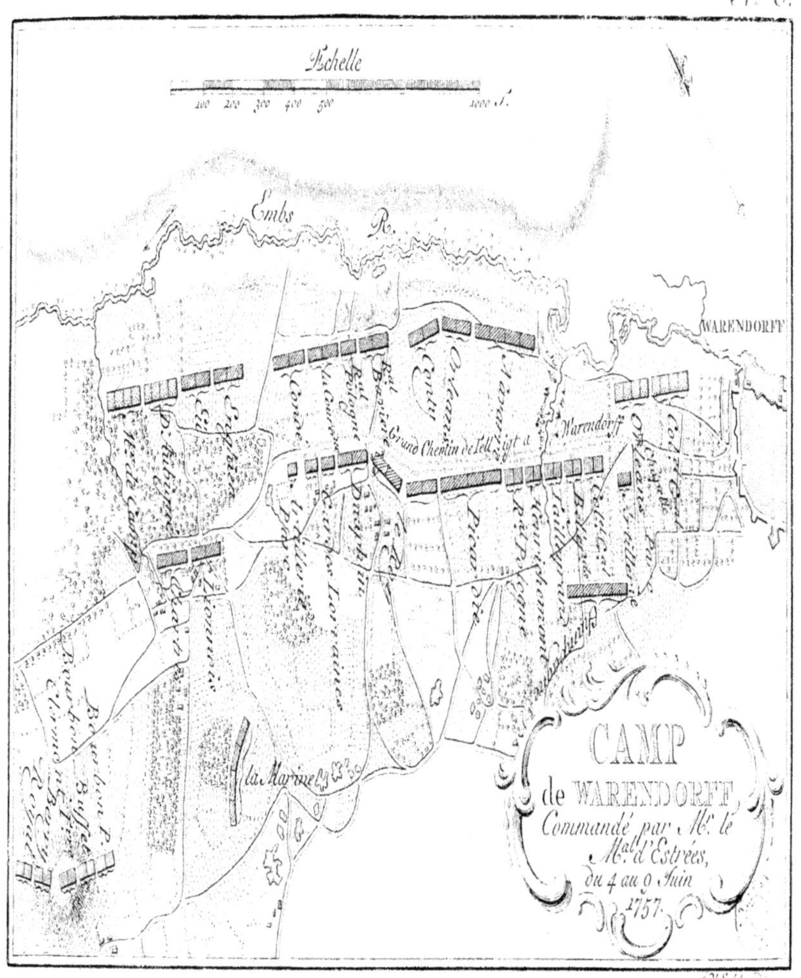

Echelle
100 200 300 400 500   1000 t.
Embs   R.
WARENDORFF
Grand Chemin de Tell.zigt a   Warendorff
la Marine
CAMP
de WARENDORFF,
Commandé par Mr. le
Mal. d'Estrées,
du 4 au 9 Juin
1757.
A. V. Schley direx.

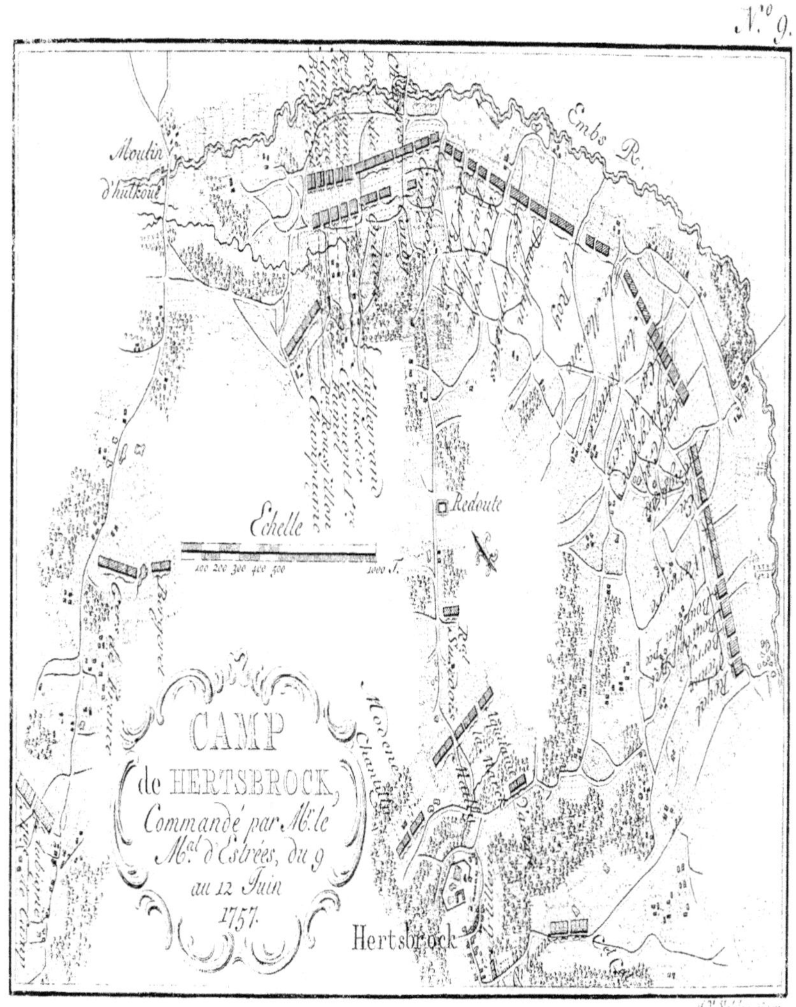

Moulin d'hulkou
Embs R.
Echelle
100 200 300 400 500 1000 T.
Redoute
CAMP de HERTSBROCK,
Commandé par M.r le
M.al d'Estrées, du 9
au 12 Juin
1757.
Hertsbrock

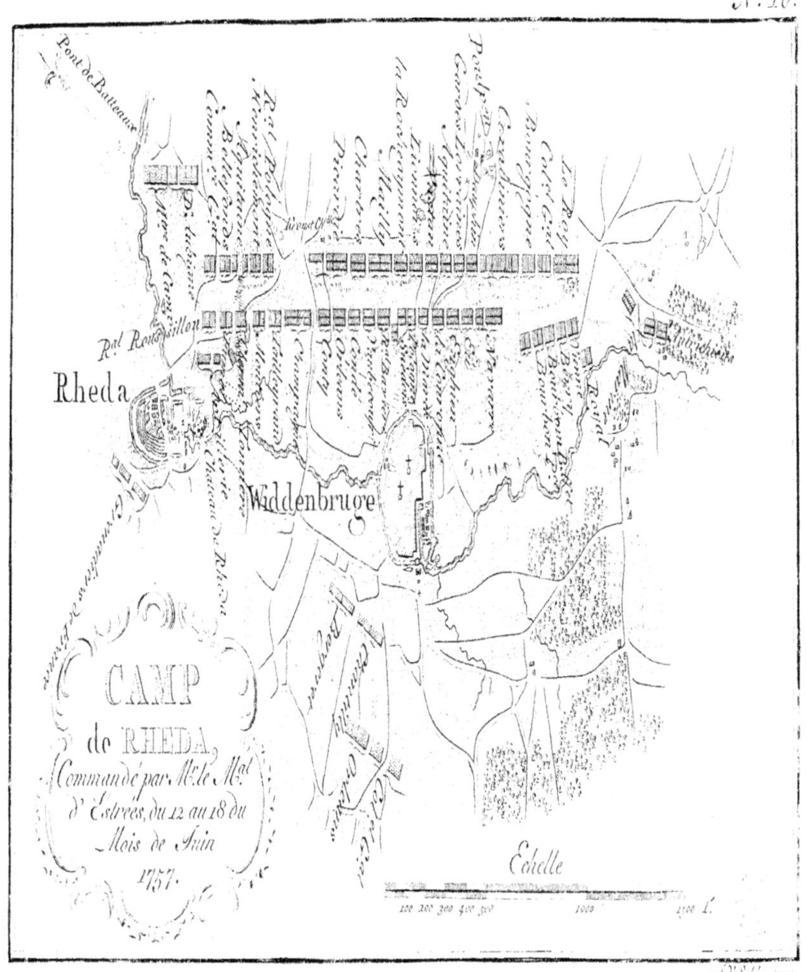

Pont de Battenau
Rheda
Rel Roussillon
Widdenbruge
CAMP
de RHEDA,
Commandé par M.e le M.al
d'Estrées, du 12 au 18 du
Mois de Juin
1757.
Echelle
100 200 300 400 500   1000   1500 T.

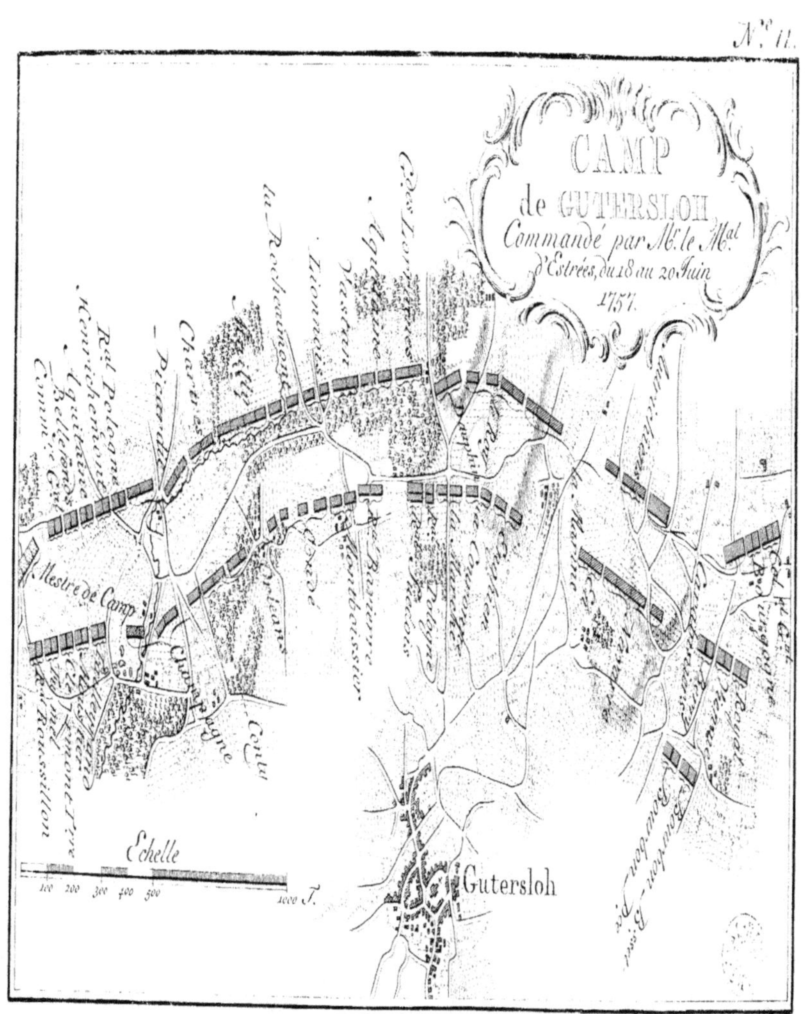
CAMP
de GUTERSLOH
Commandé par M.r le M.al
d'Estrées, du 18 au 20 Juin
1757.
Mestre de Camp
Champagne
Echelle
100 200 300 400 500 1000 T.
Gutersloh
A. V. Schley fecit.

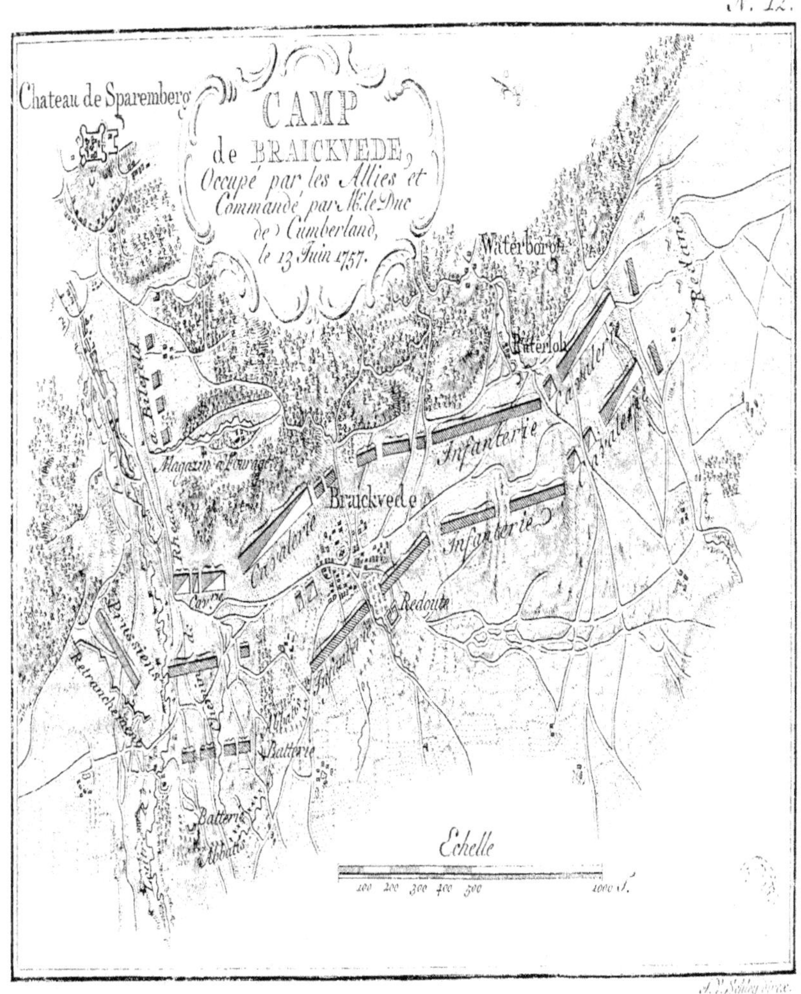

A. V. Schley direx.

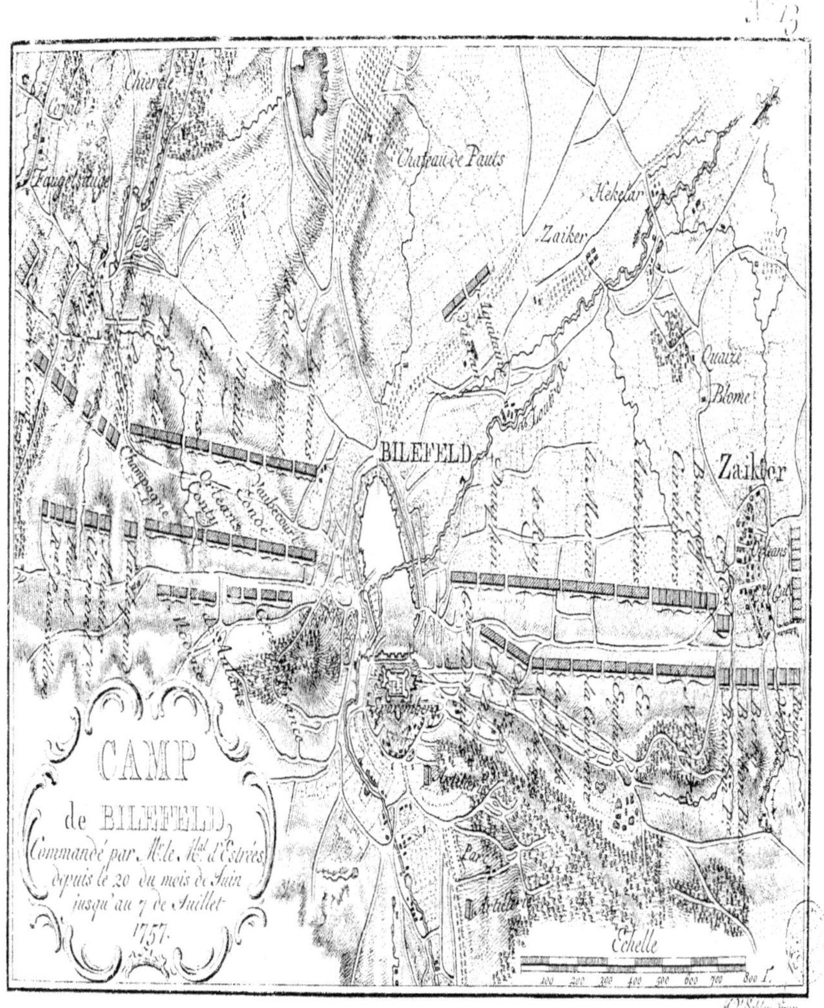
Chierée
Cyriac
Fangelhauge
Chateau de Pauts
Hekelar
Zaiker
Quaize
Blome
BILEFELD
Zaiker
Champagne
Orléans
Conty
Vauban
Condé
CAMP
de BILEFELD,
Commandé par Mr. le Mal. d'Estrées
depuis le 20 du mois de Juin
jusqu'au 7 de Juillet
1757.
Echelle
100 200 300 400 500 600 700 800 T.

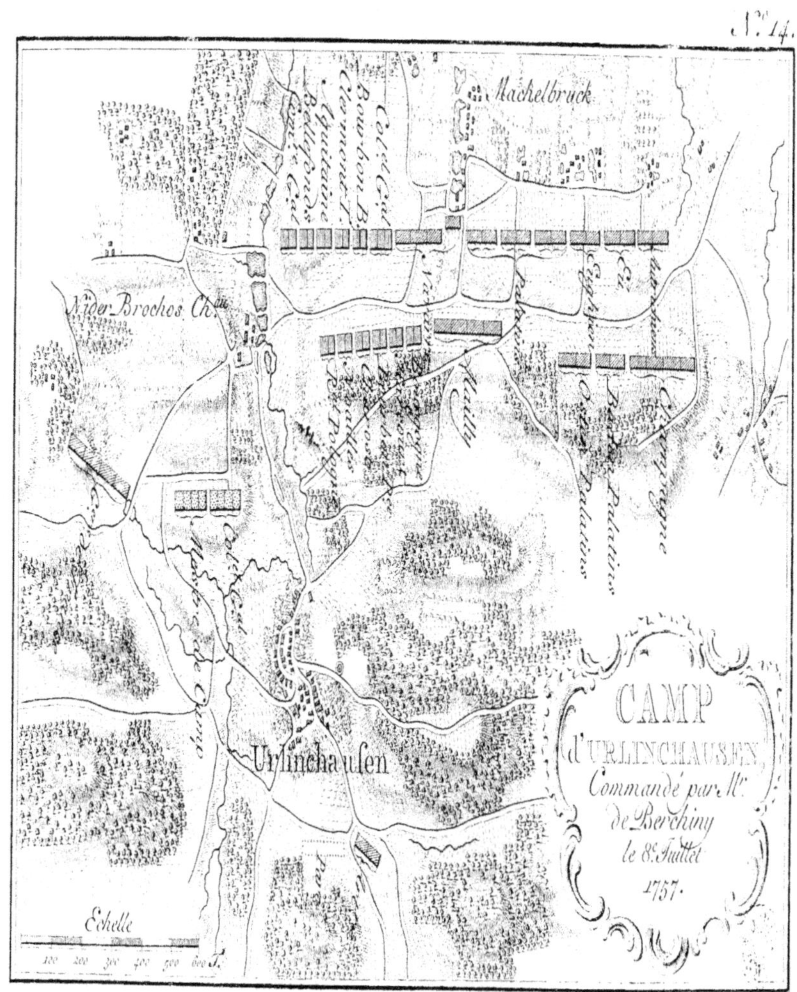

N.º 14.
Machelbruck
Nider Brochos Ch.
Urlinchausen
Echelle
100 200 300 400 500 600 T.
CAMP
d'URLINCHAUSEN,
Commandé par M.
de Berchiny
le 8.ᵉ Juillet
1757.

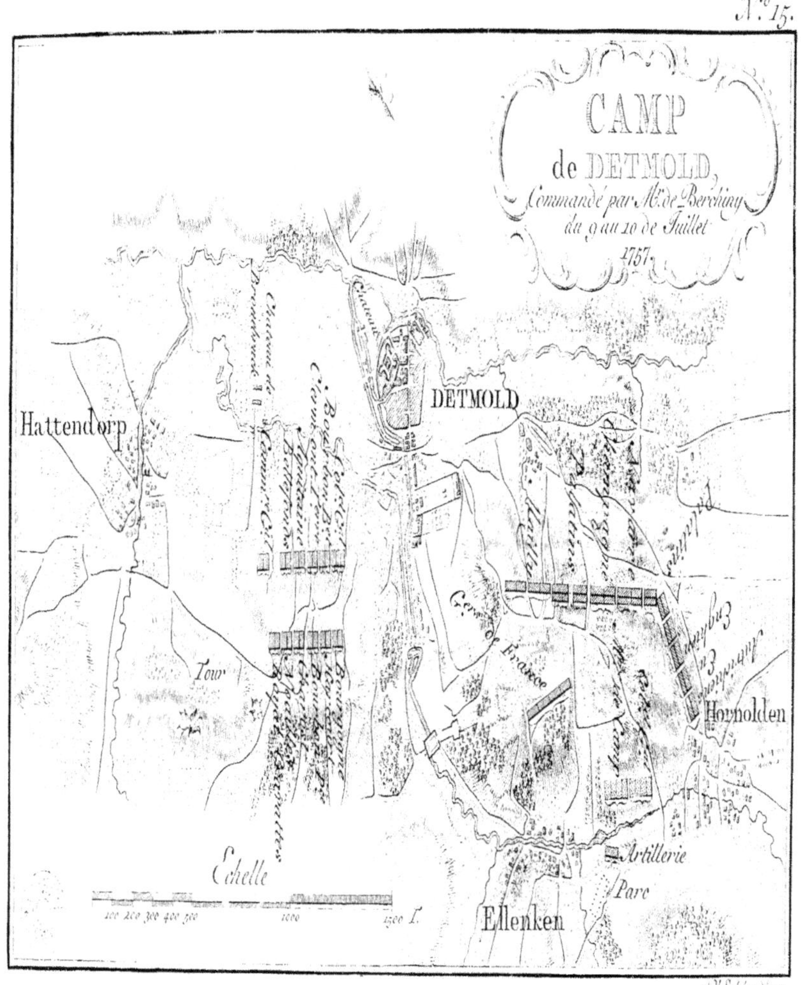

CAMP
de DETMOLD,
Commandé par M.r de Berchiny
du 9 au 10 de Juillet
1757.
Hattendorp
DETMOLD
Hornolden
Gens de France
Tour
Artillerie
Parc
Ellenken
Echelle
100 200 300 400 500   1000   1500 T.

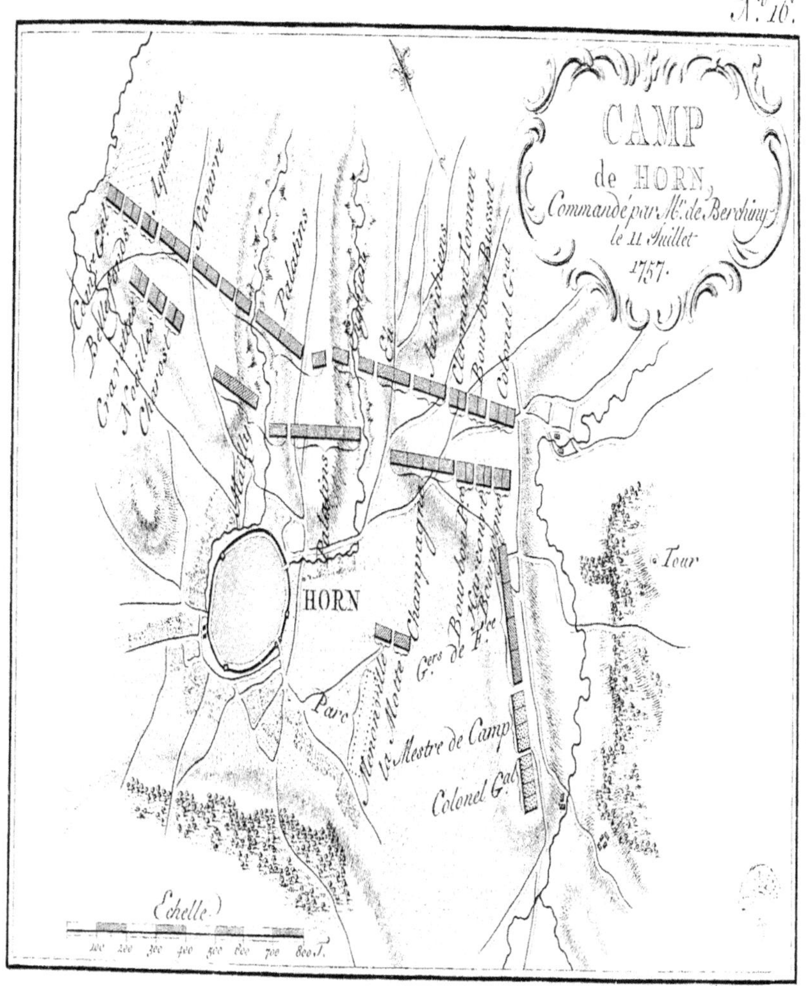
CAMP
de HORN,
Commandé par M.ʳ de Berchiny
le 11 Juillet
1757.
HORN
Tour
Parc
Colonel G.ᵃˡ
Mestre de Camp
Gers de F.ᶜᵉ
Echelle
100 200 300 400 500 600 700 800 T.

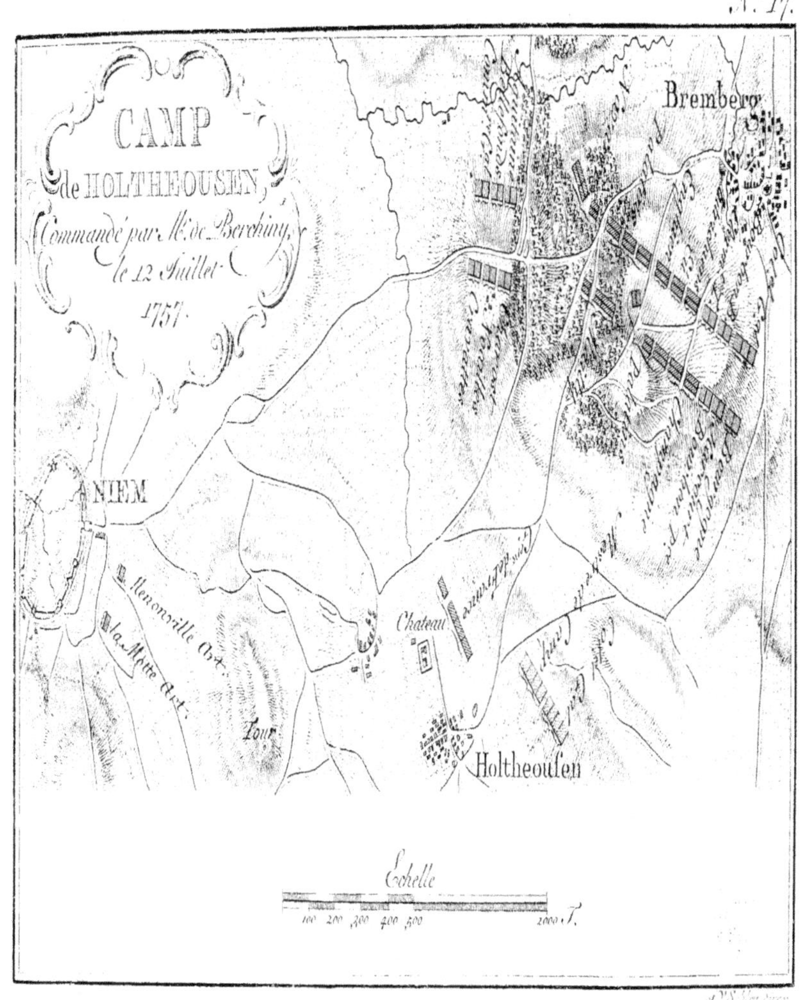

N.º 17.
CAMP
de HOLTHEOUSEN,
Commandé par M.º de Berchiny,
le 12 Juillet
1757.
Bremberg
NIEM
Henonville Ch.t
la Motte Ch.t
Tour
Chateau
Holtheousen
Echelle
100 200 300 400 500 2000 T.

Bevern
Holzminsteroe
Halersen
Lattringen
B.
de
Corvei
HOLTZMINDEN
WESER FL.
WESER FL.
Stael
HOXTER
Albach
CARTE
D'UNE PARTIE DU COURS DU WESER
contenant les Camps de Corvey, Lattringen, Holtzminden & Bevern
Echelle

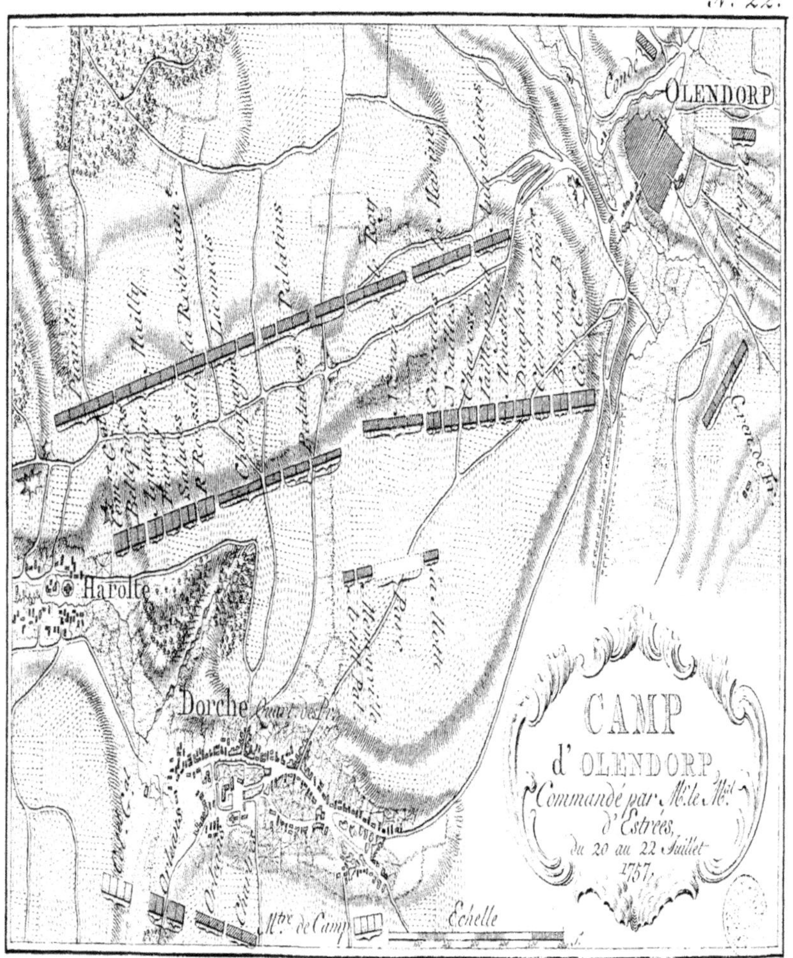

OLENDORP
Harolte
Dorche
Mailly
Palatins
M.tre de Camp
Echelle
CAMP
d' OLENDORP
Commandé par M. le M.l
d'Estrées,
du 20 au 22 Juillet
1757.

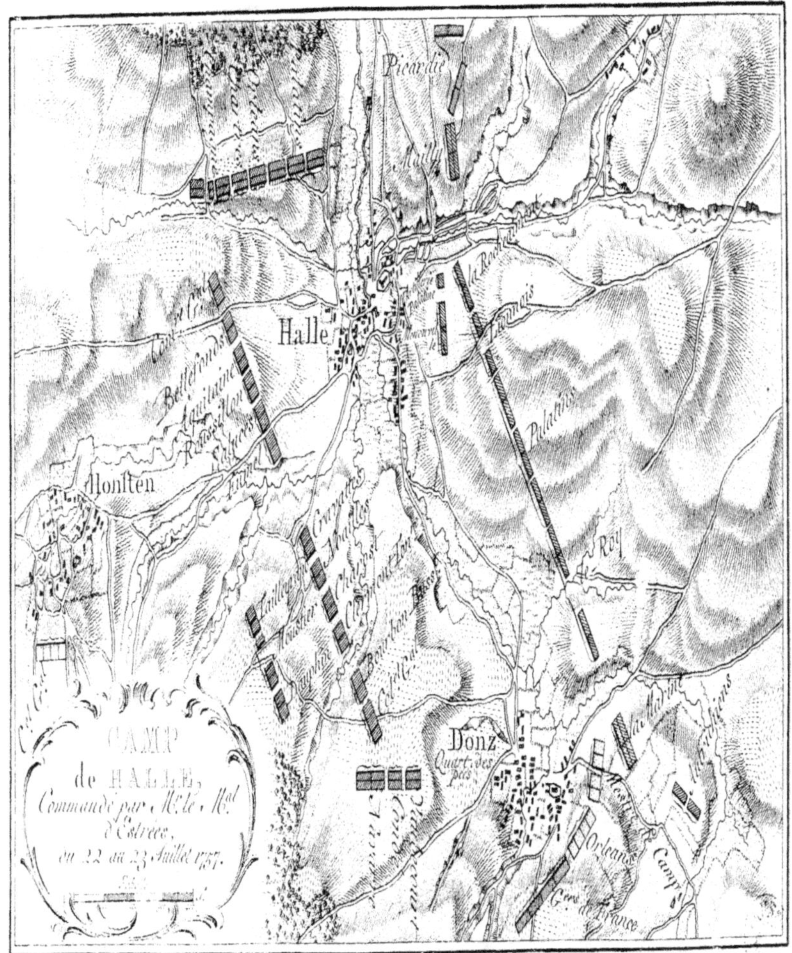
Picardie
Halle
Monften
Donz
Quart. des pes
CAMP
de HALLE,
Commandé par M. le Mal
d'Estrées,
du 22 au 23 Juillet 1757.
Roy
Palatinat
Orleans
Gens de France
Camp

Echelle
100 200 300 400 500 600 700
WESER Fl.
St. Germain
la Couronne
Bessune Alsace
Beauce
Carabiniers
Carabiniers
Pied de Roi
Auxille
la Reine
la Rochemure
Tournais
Palatin
Palatin
Le Roy
Beuvren
Bekhoufen
Palatins
Frinquen
Col. d. Gal
Bourbon B.
Clermont Pce
Aquitaine
Bellefonds
Comte Gal
Champagne
CAMP
de FRINQUEN,
Commandé par M. le M.al
d'Estrées,
du 24 au 25 Juill.t
1757.

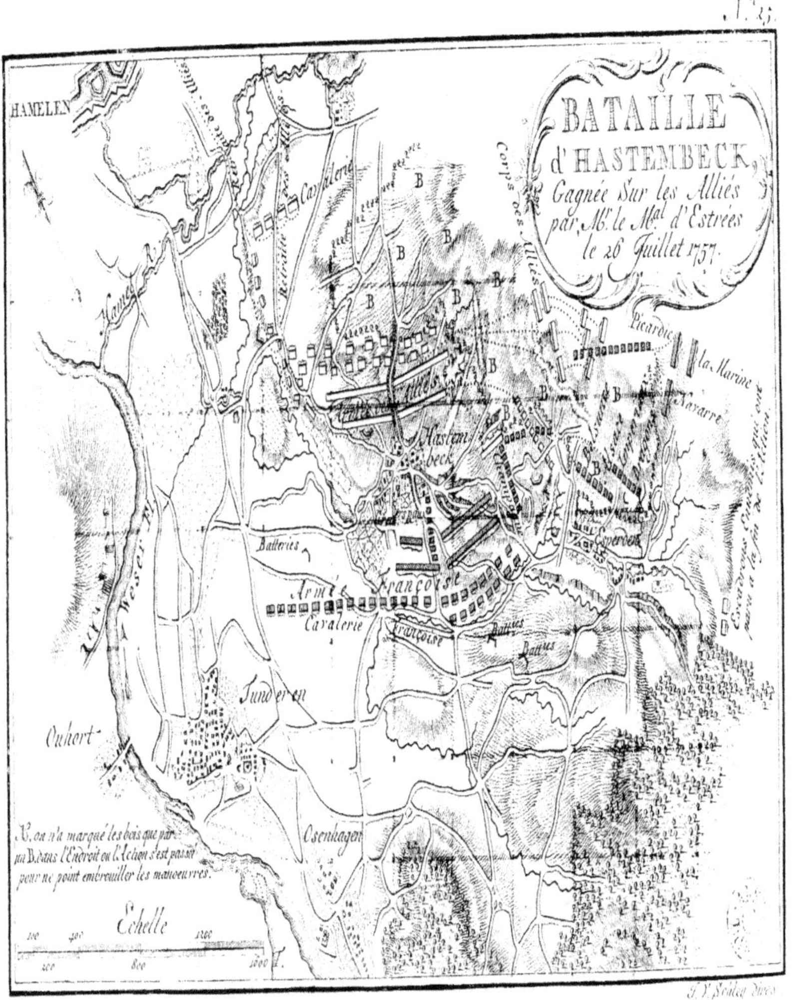

HAMELEN
BATAILLE d'HASTEMBECK,
Gagnée Sur les Alliés par Mr. le Mal d'Estrées le 26 Juillet 1757.
Corps des Alliés
Cavalerie
Retraite
Tanger
Wesser Fl.
Picardie
la Marine
Navarre
Hastembeck
Batteries
Armée
Cavalerie
Françoise
Françoise
Batteries
Batteries
Couperveen
Ouvrages Complets qui ont Servi à la pri.e de l'Action
Tundeeren
Ouhort
Osenhagen
N. on n'a marqué les bois que par. un B. dans l'Endroit ou l'Action s'est passée pour ne point embrouiller les manoeuvres.
Echelle
200   400   1200
200   800   1000

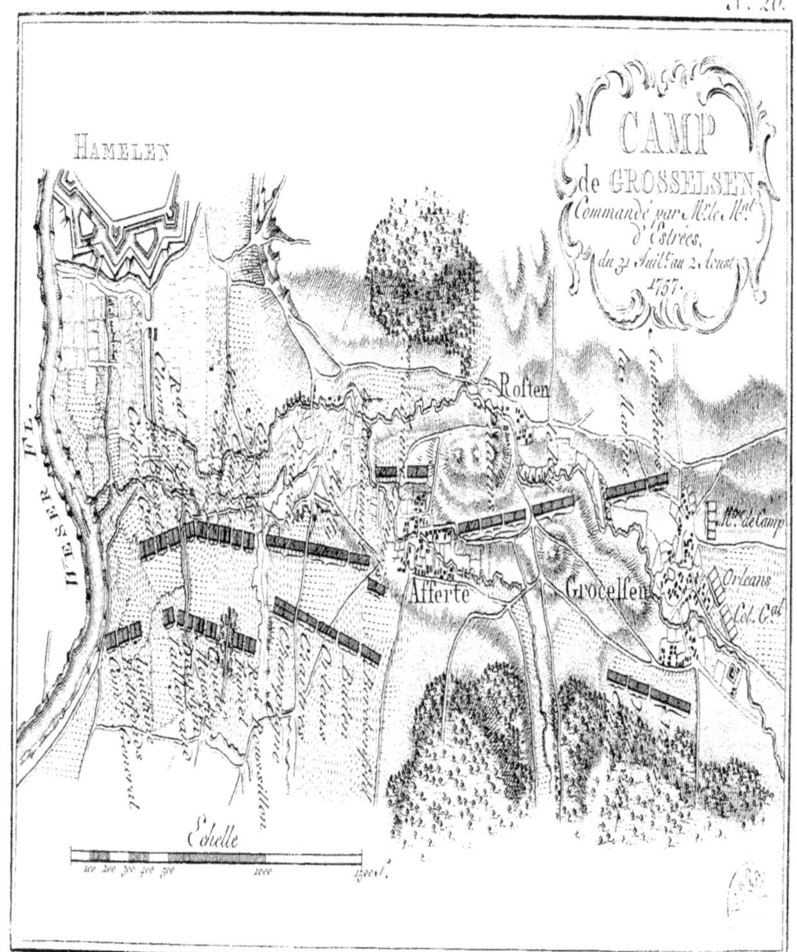

HAMELEN
CAMP de GROSSELSEN
Commandé par M.r le M.al d'Estrées, du 31 Juill.t au 2. Aoust 1757.
WESER Fl.
Roften
Afferte
Grocelsen
M.n de Camp
Orleans
Col. G.al
Echelle
100 200 300 400 500 1000 1500 J.

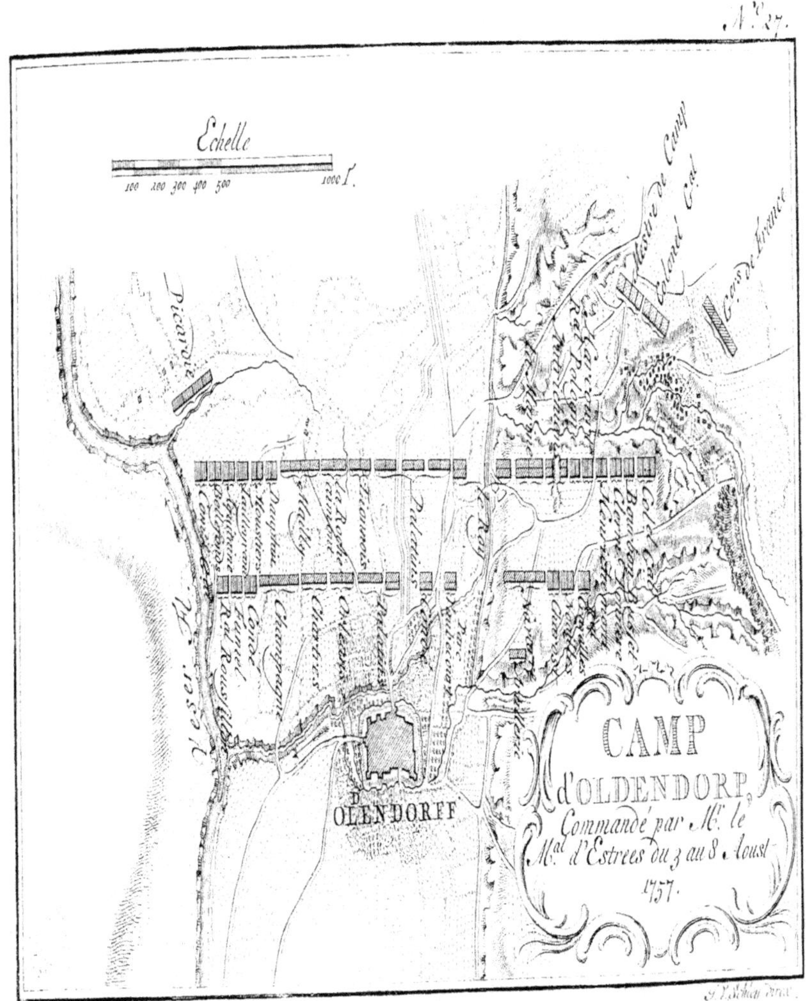

N.º 27.
Echelle
100 200 300 400 500 1000 T.
Picardie
Weser Fluss
D OLENDORFF
CAMP
d'OLDENDORP,
Commandé par Mr. le
Mal d'Estrees du 3 au 8 Aoust
1757.

Carabiniers
la Rochefoucault
Lyonnois
Royal
Bouchu
MUNDER
Hackmeulen
Ommeze
CAMP
de MUNDER,
Commandé par M.r le M.al
de Richelieu
du 8 au 9 Aoust 1757
Echelle
100 200 300 400 500 1000 1300 T.

CAMP
d'HOLSENSTEIN,
Commandé par Mr.
de Richelieu
Le 10 Aoust 1757.

Camp
de Retour Commandé
par Mgr. le Pce. de Clermont
du 28. Ferrier au 2 Mars 1758.

1. Auvergne   8. La Tour du Pin
2. Yenner   9. Chantilly
3. Conty   10. Berveret
4. La Dauphine   11. Modene
5. Ral. Pologne 12. Rel. Rouisillen
6. Nassau Sarbruck 13. Dauphin
7. Ral. Suedois 14. Chabrillant

Lindretin

HOLSENSTEIN

Echelle

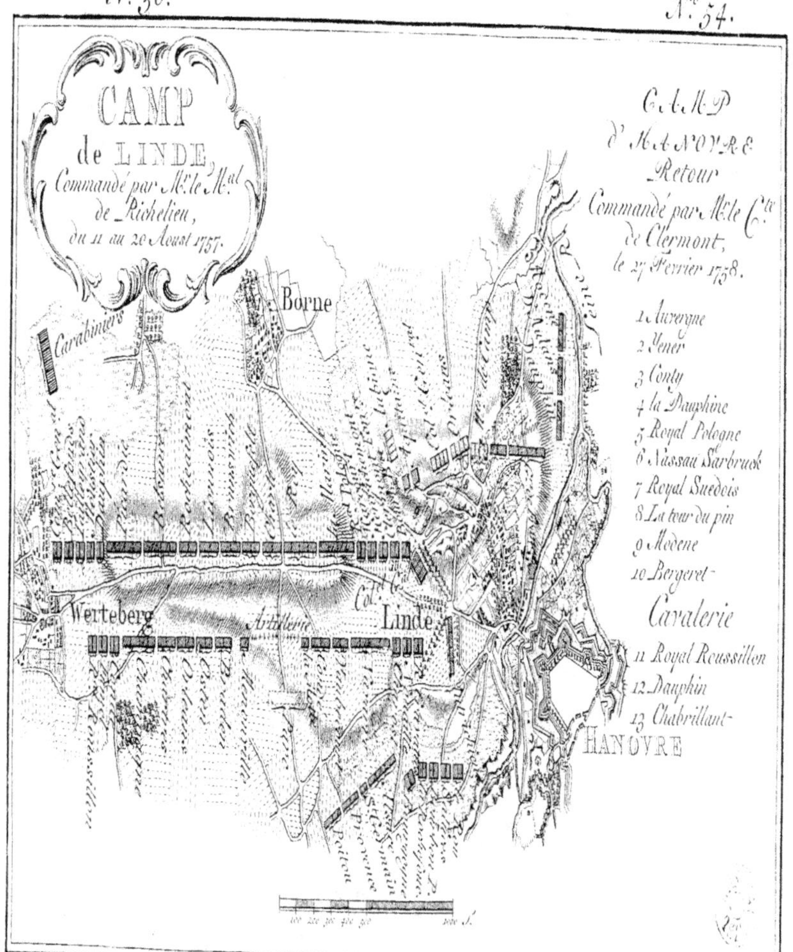
CAMP
de LINDE
Commandé par Mr. le Mal.
de Richelieu,
du 11 au 20 Aoust 1757.
Carabiniers
Borne
Werteberg
Artillerie
Col. Linde
CAMP
d'HANOVRE
Retour
Commandé par Mr. le Cte.
de Clermont,
le 27 Ferrier 1758.
1 Auvergne
2 Yener
3 Conty
4 la Dauphine
5 Royal Pologne
6 Nassau Sarbruck
7 Royal Suedois
8 La tour du pin
9 Medene
10 Bergeret
Cavalerie
11 Royal Roussillon
12 Dauphin
13 Chabrillant
HANOVRE

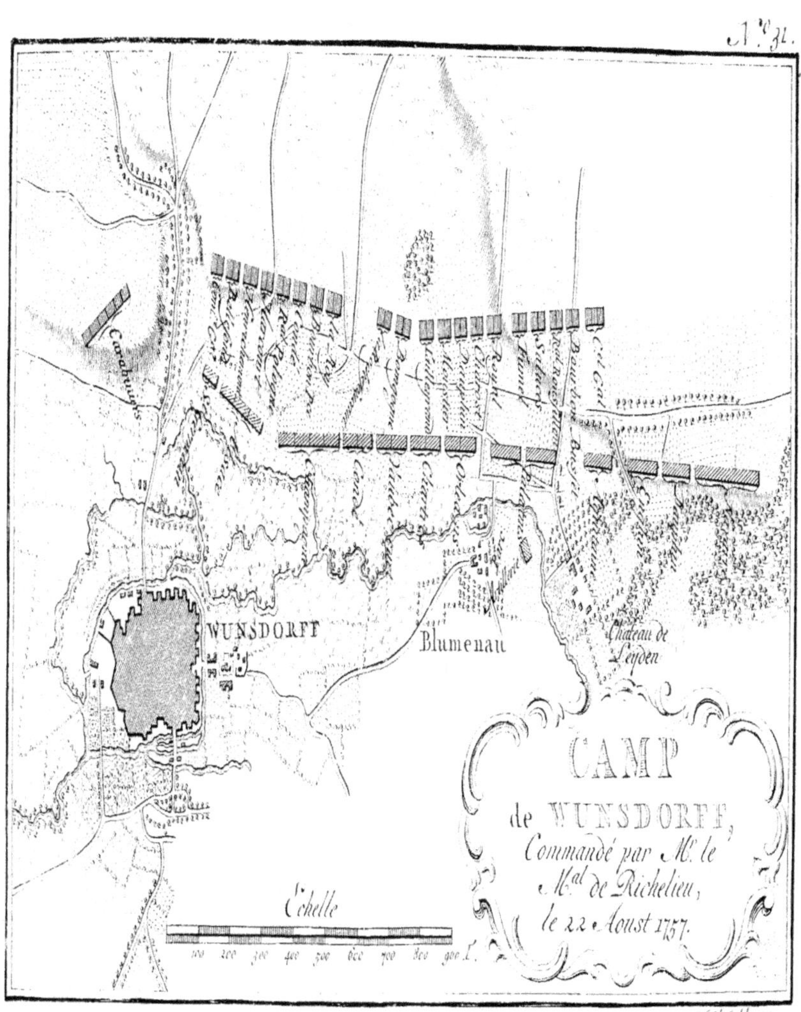

N.º 31.
Cavalaigÿe
WUNSDORFF
Blumenau
Château de
Leyoen
CAMP
de WUNSDORFF,
Commandé par Mr. le
Mal. de Richelieu,
le 22 Aoust 1757.
Echelle
100 200 300 400 500 600 700 800 900 T.

N.º 32.
Marienſe
Ebſen
Weſſen
CAMP de MARIESSE, Commandé par Mr le Mal de Richelieu, le 23 Aoust 1757.

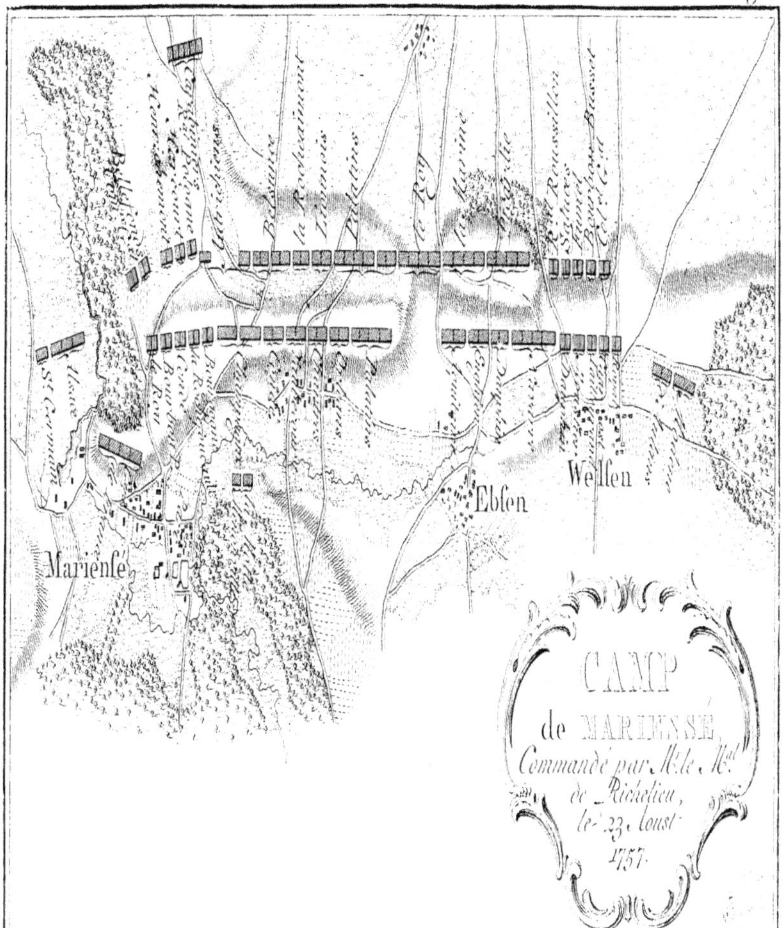

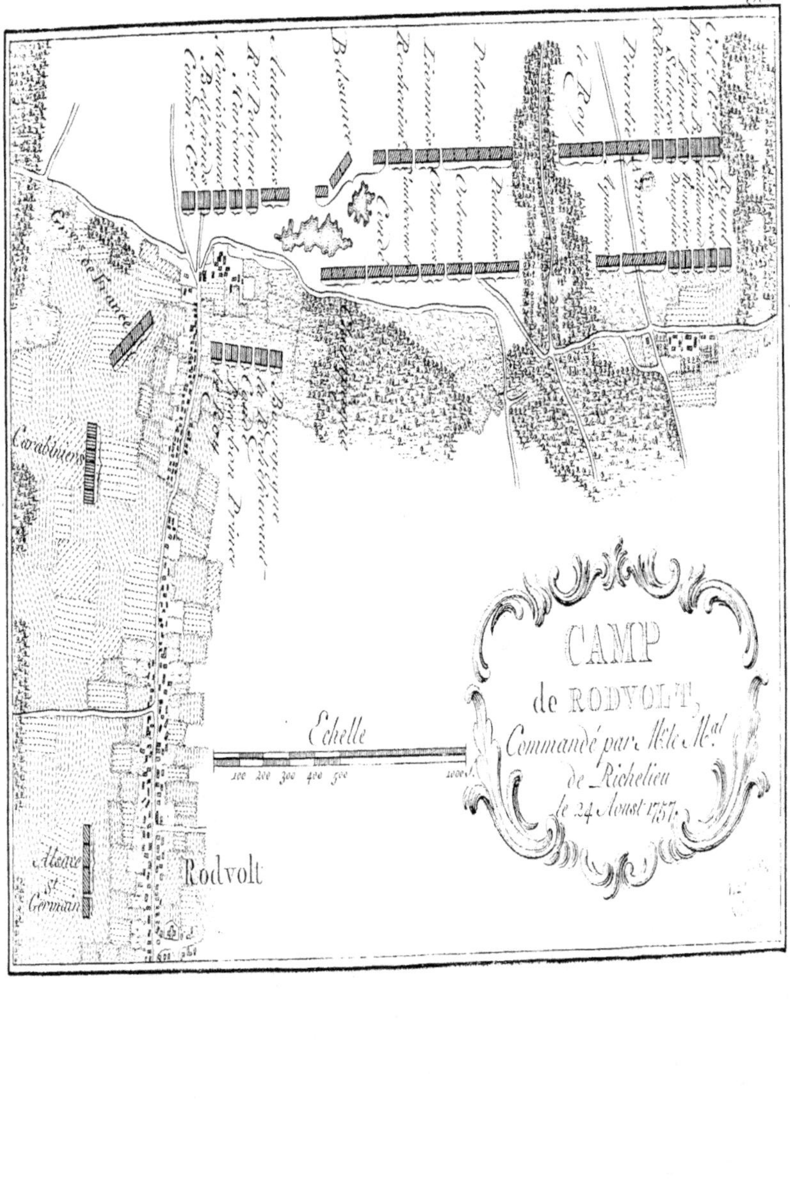

CAMP
de RODVOLT,
Commandé par M.r le M.al
de Richelieu
le 24 Aoust 1757.
Echelle
100 200 300 400 500 1000 t.
Carabiniers
Aleur St. Germain
Rodvolt

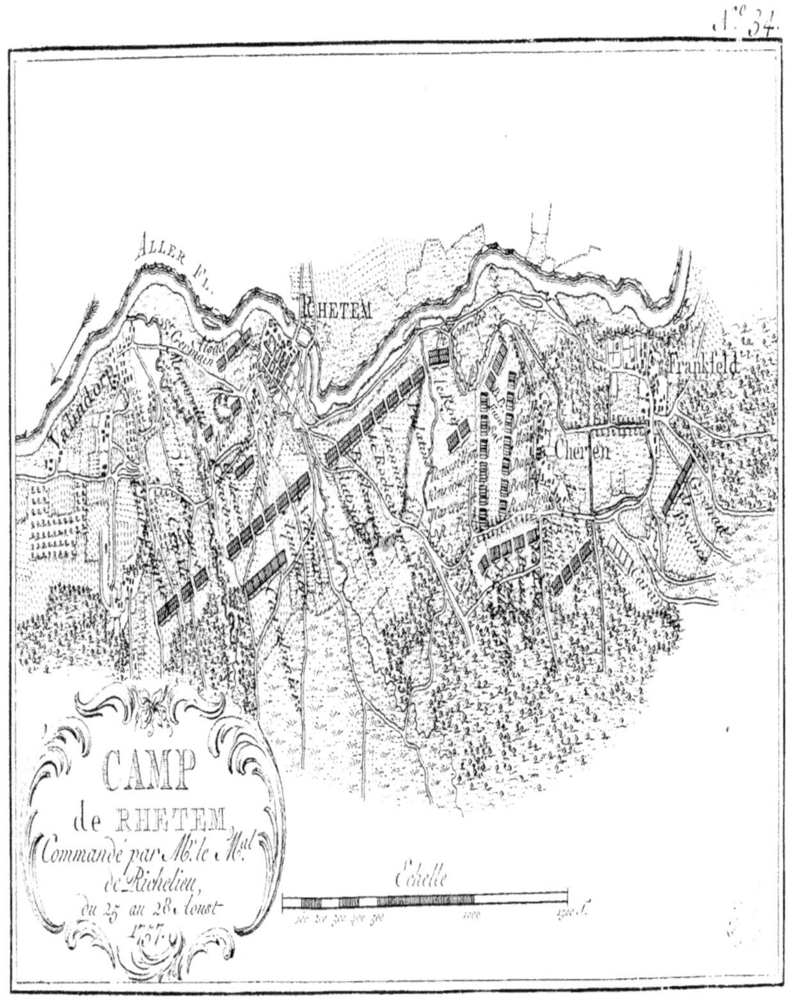

ALLER Fl.
RHETEM
St. Germain
Valndorf
Frankfeld
Cherten
CAMP
de RHETEM,
Commandé par Mr. le Mal.
de Richelieu,
du 25 au 28. Aoust
1757.
Echelle
100 200 300 400 500   1000   1500. t.

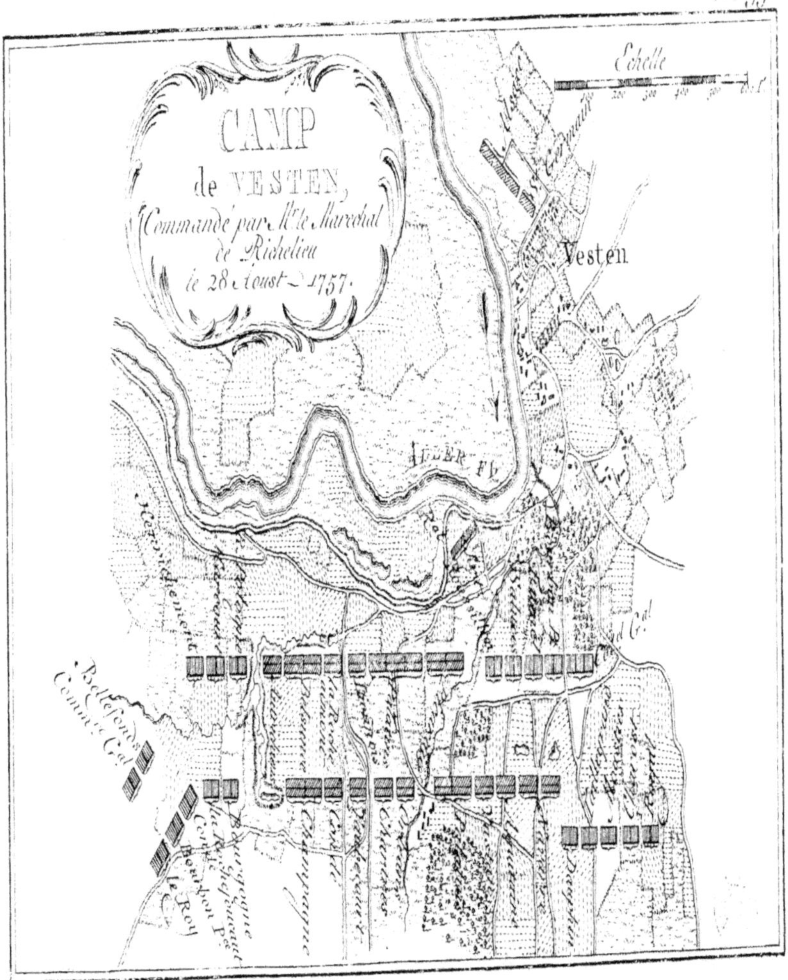

Nº 33
Echelle
CAMP
de VESTEN,
Commandé par Mr le Maréchal
de Richelieu
le 28 Aoust 1757.
Vesten

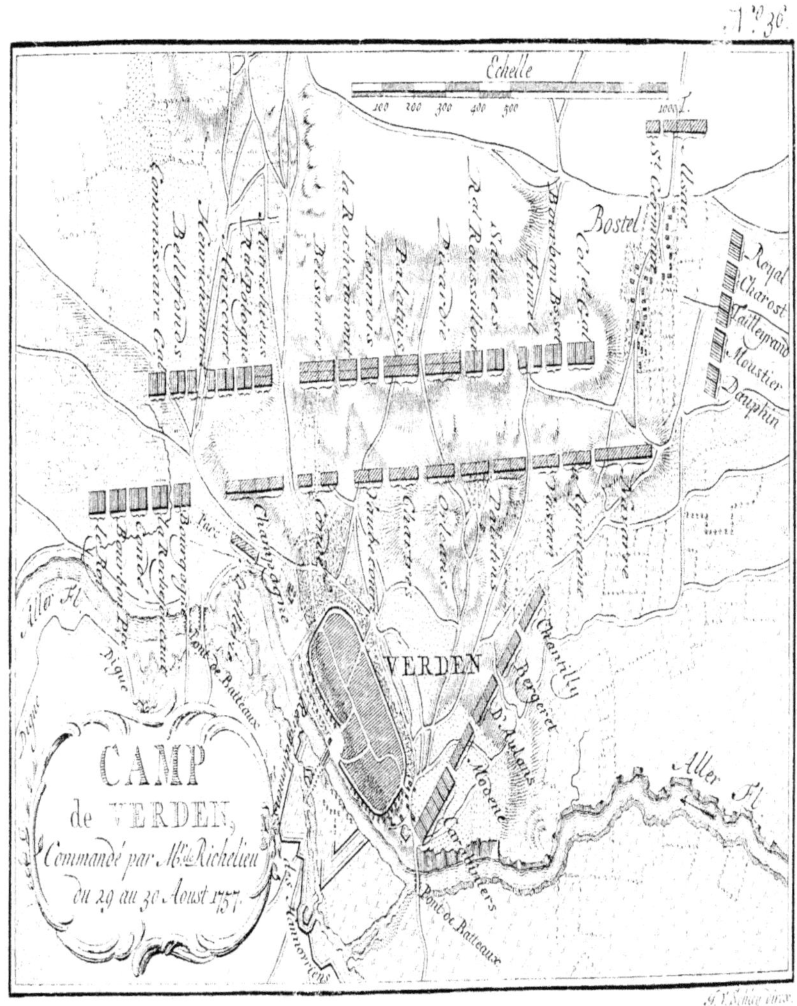

N.° 30
Echelle
100 200 300 400 500 1000 T.
Bostel
Royal
Charost
Taillerrand
Moustier
Dauphin
VERDEN
Aller Fl.
Chantilly
Bergeret
D'Aubais
Moene
Carabiniers
Pont de Batteaux
Iller Fl.
Digue
Pont de Batteaux
CAMP
de VERDEN,
Commandé par Mr. de Richelieu
du 29 au 30 Aoust 1757

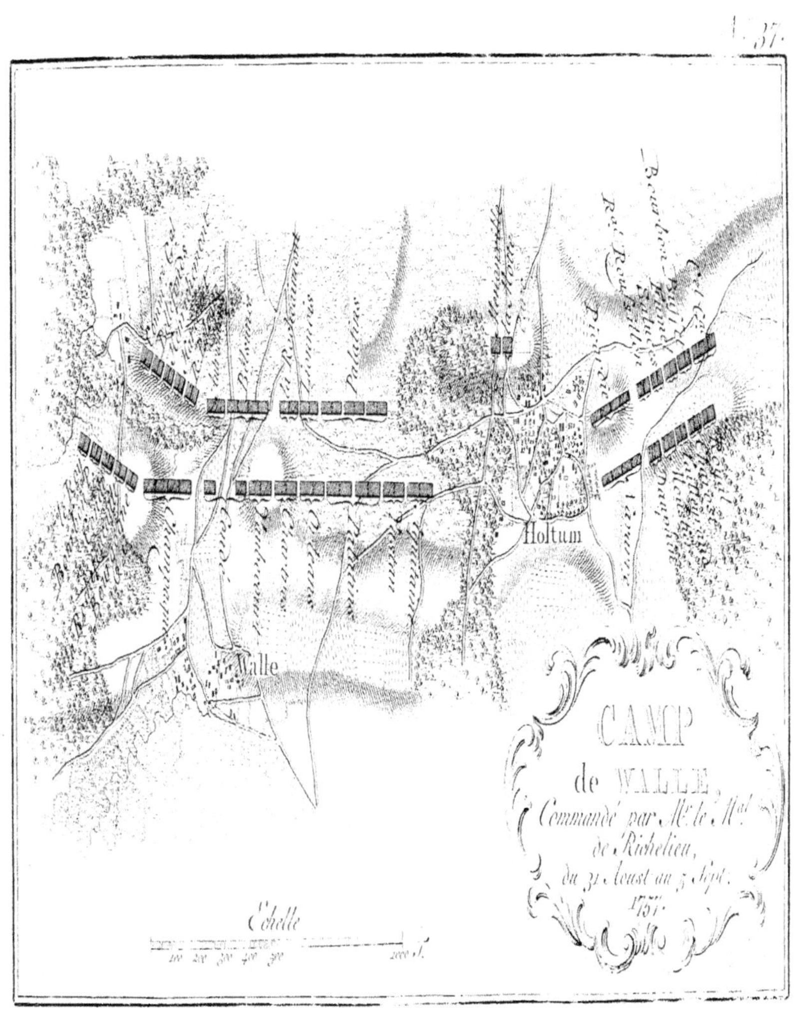

Holtum
Walle
CAMP
de WALLE,
Commandé par Mr. le Mal
de Richelieu,
du 31 Aoust au 5 Sept.
1757.
Echelle
100 200 300 400 500   1000 T.

N.º 38.
CAMP
de ROTTENBURG,
Commandé par M.
de Contades,
le 6 Septemb.r 1757.
Rottenburg
Fort
de
Rottenburg
Wumme R.
Échelle
100 200 300 400 500 600 t.
Bergerie
Chantilly
St. Germain
Alsace

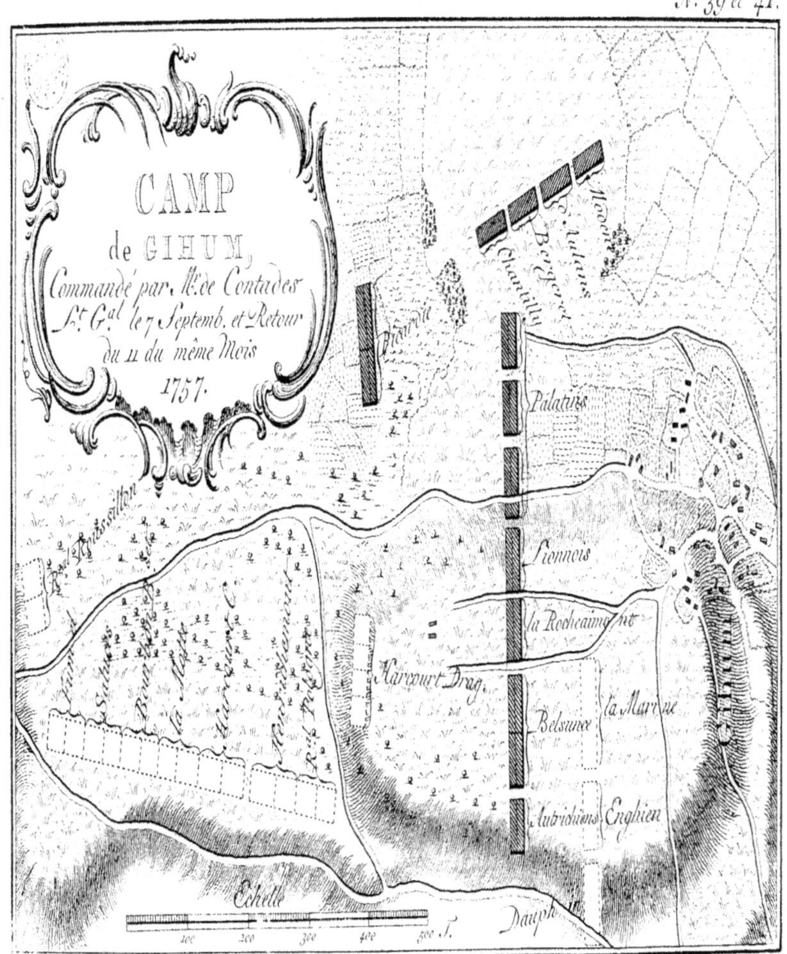
CAMP
de GIHUM,
Commandé par M.r de Contades
L.t G.al le 7 Septemb. et Retour
du 11 du même Mois
1757.
Picardie
Palatins
Bergard
Chantilly
Palatins
Lionnois
la Rocheaumont
Harcourt Drag.
Belsunce
la Marine
Autrichiens Enghien
Echelle
100   200   300   400   500 T.
Dauph.

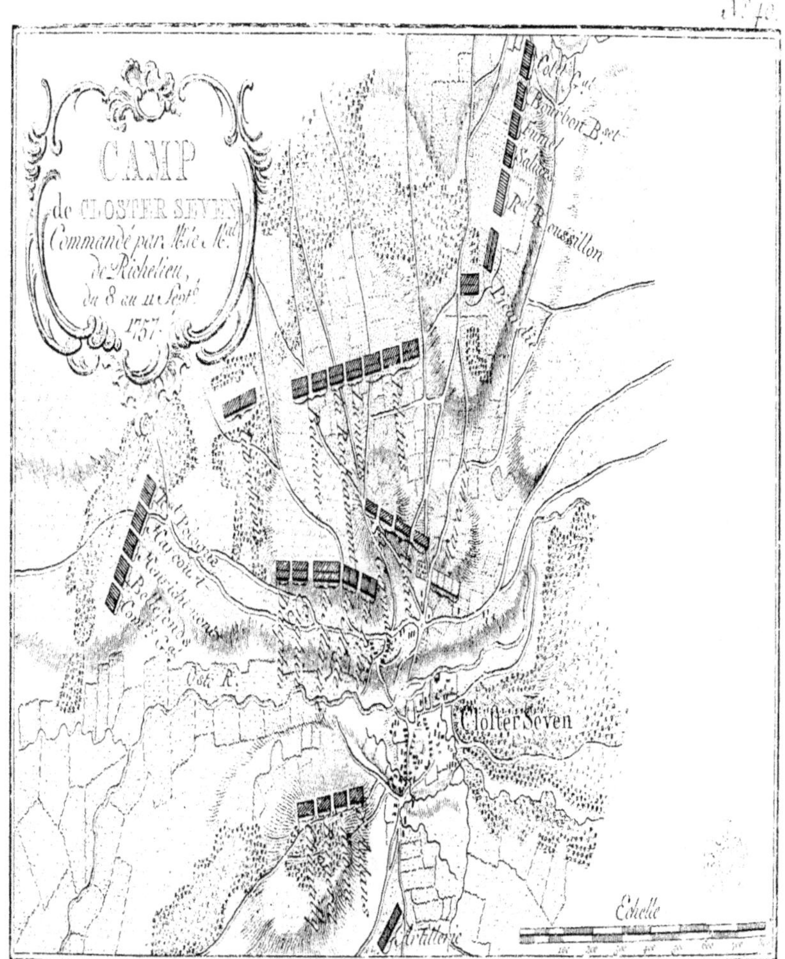

CAMP
de CLOSTER SEVEN
Commandé par Mgr. le Mal.
de Richelieu,
du 8 au 11 Sept.e
1757.
Colin Gal
Bourbon B. et
Fum.
Salis
Rgt. Roussillon
Harcourt
Touraine
Belgique
Comtois
Ost R.
Closter Seven
L'artillerie
Echelle

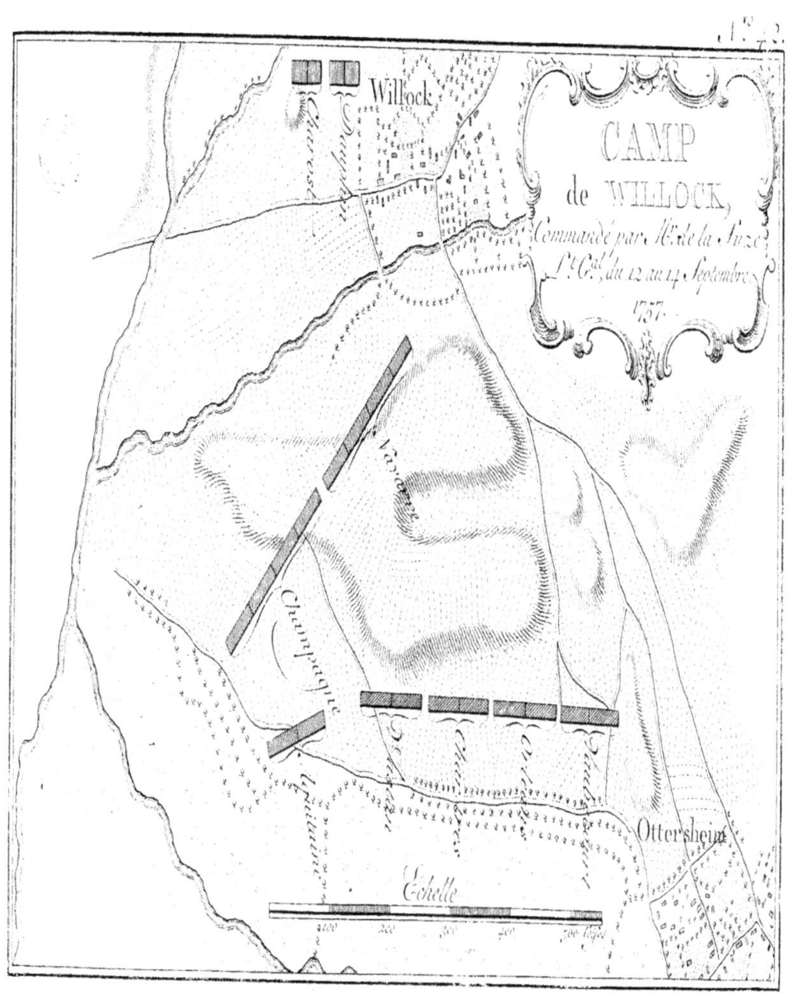

Willock
CAMP
de WILLOCK,
Commandé par M.' de la Suze
L.' C.' du 12 au 14 Septembre
1757.
Champagne
Ottersheim
Echelle
100   200   300   400   500 toises

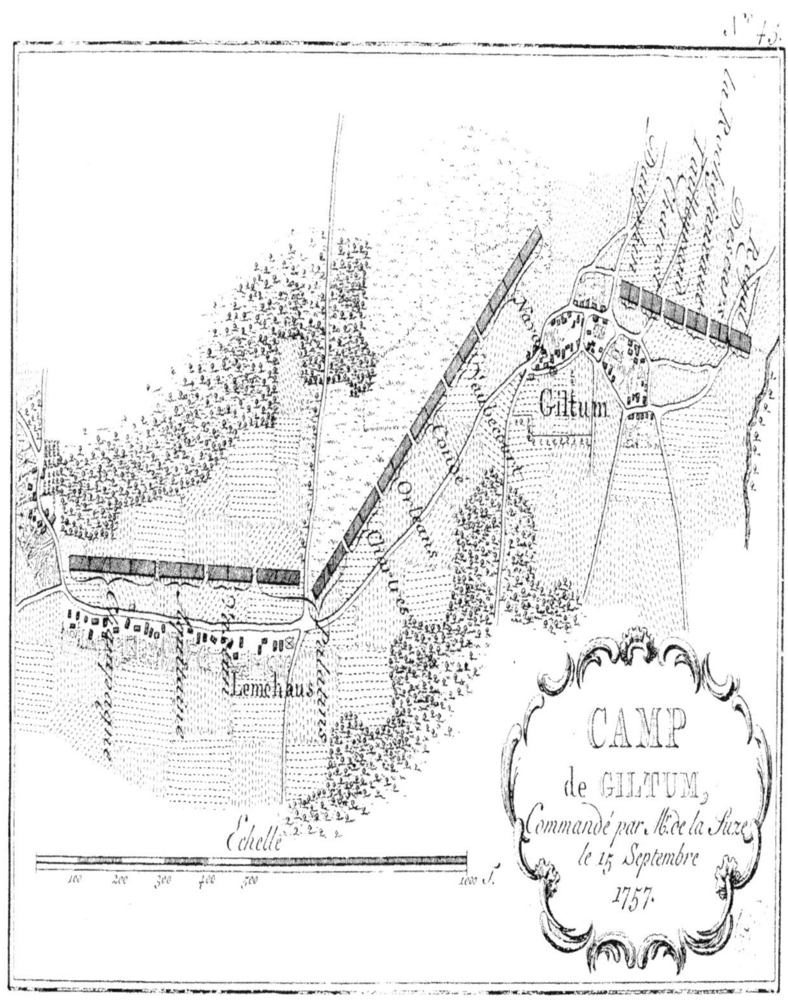

N.º 45
Giltum
Lemehaus
Échelle
100   200   300   400   700   1000 J.
CAMP
de GILTUM,
Commandé par M. de la Suze
le 15 Septembre
1757.

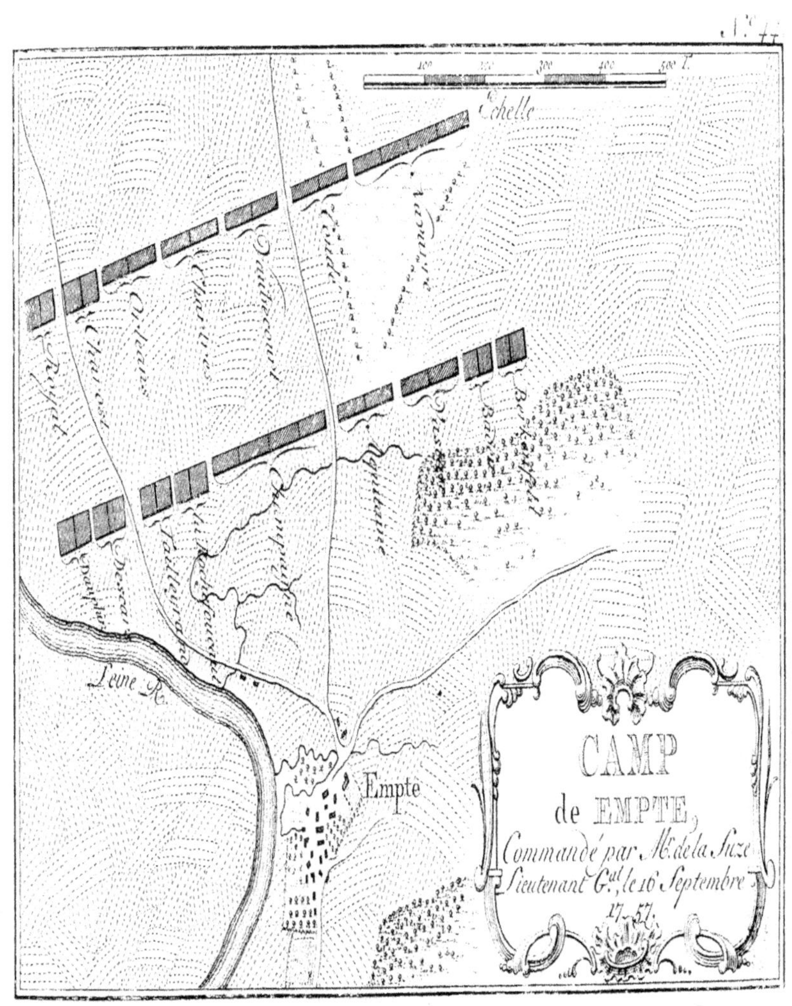

Echelle
100 200 300 400 500 T.
Leine R.
Empte
CAMP
de EMPTE,
Commandé par Mr. de la Suze
Lieutenant Gal. le 16e Septembre
1757.

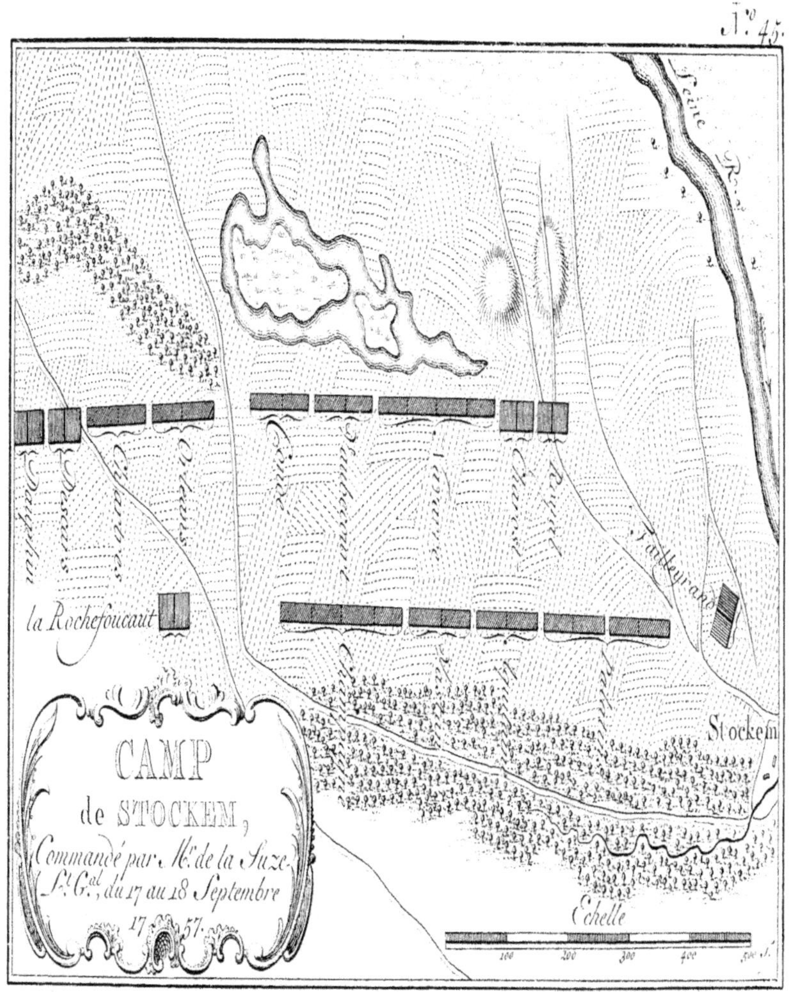

N.º 45.
Seine R.
la Rochefoucault
Talleyrand
Stockem
CAMP
de STOCKEM,
Commandé par Mr. de la Suze,
Lt. Gal., du 17 au 18 Septembre
1757.
Echelle
100   200   300   400   500 t.

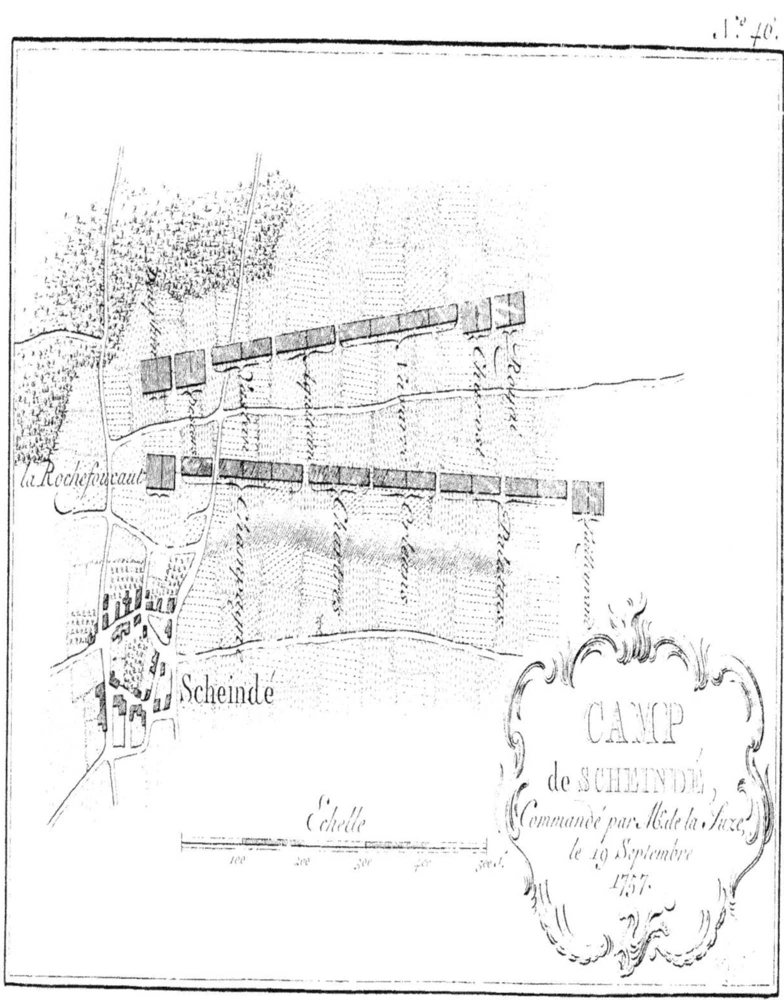

N.° 40.
la Rochefoucaut
Scheindé
Échelle
100 200 300 400 500 t.
CAMP
de SCHEINDÉ,
Commandé par M. de la Suze,
le 19 Septembre
1757.

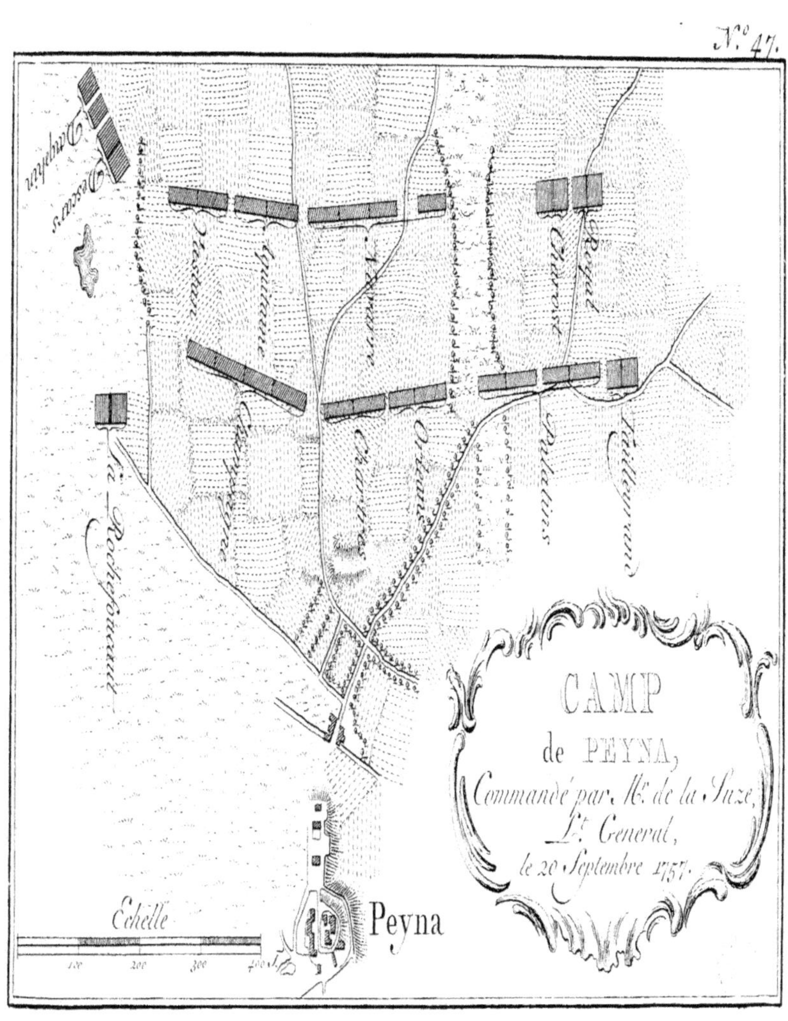

Dauphin
Desca Dragons
Royal Cavaleris
le Roy
Taillevaut
Palatine
la Rochefoucaut
Echelle
100   200   300   400
Peyna
CAMP
de PEYNA,
Commandé par Mr. de la Suze,
Lt. General,
le 20 Septembre 1757.

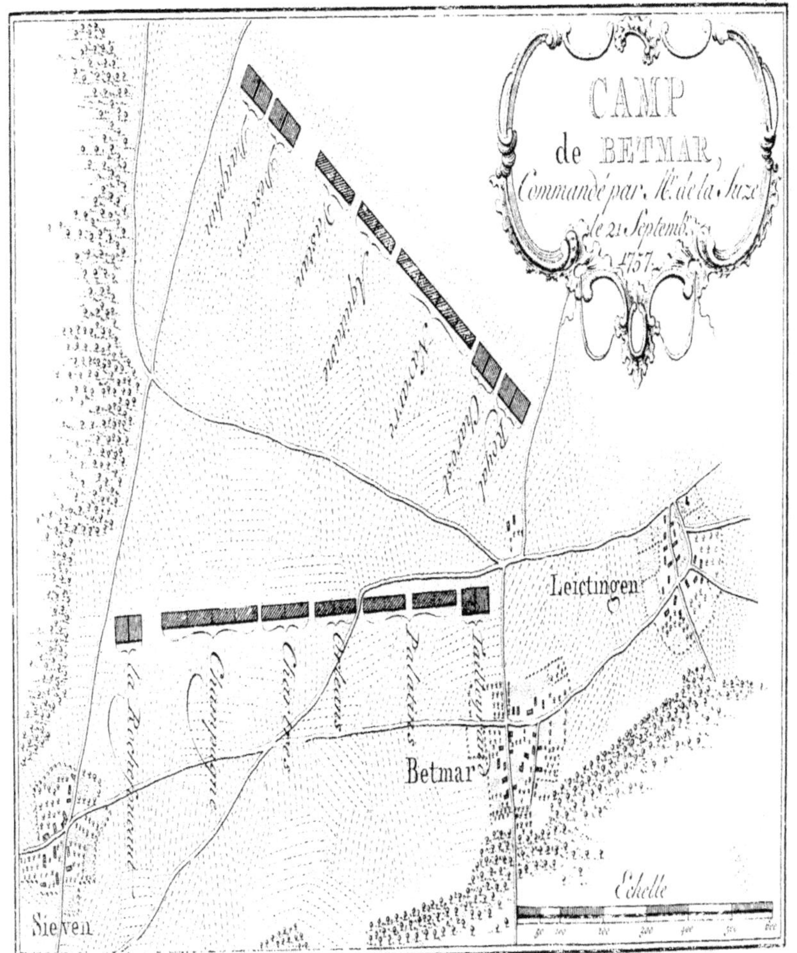

CAMP
de BETMAR,
Commandé par. Mr. de la Suze
le 21. Septembr.
1757.
Leictingen
Betmar
Sieven
Echelle

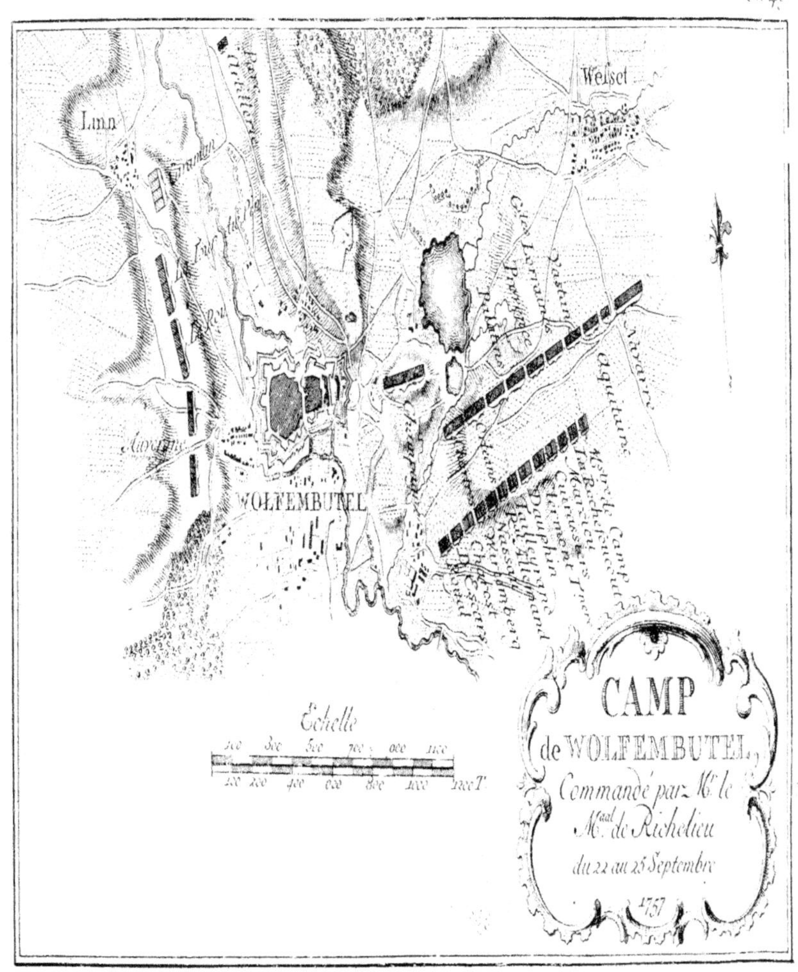

Welset
Lmn
WOLFEMBUTEL
Echelle
CAMP
de WOLFEMBUTEL,
Commandé par Mgr le
Maal de Richelieu
du 22 au 25 Septembre
1757

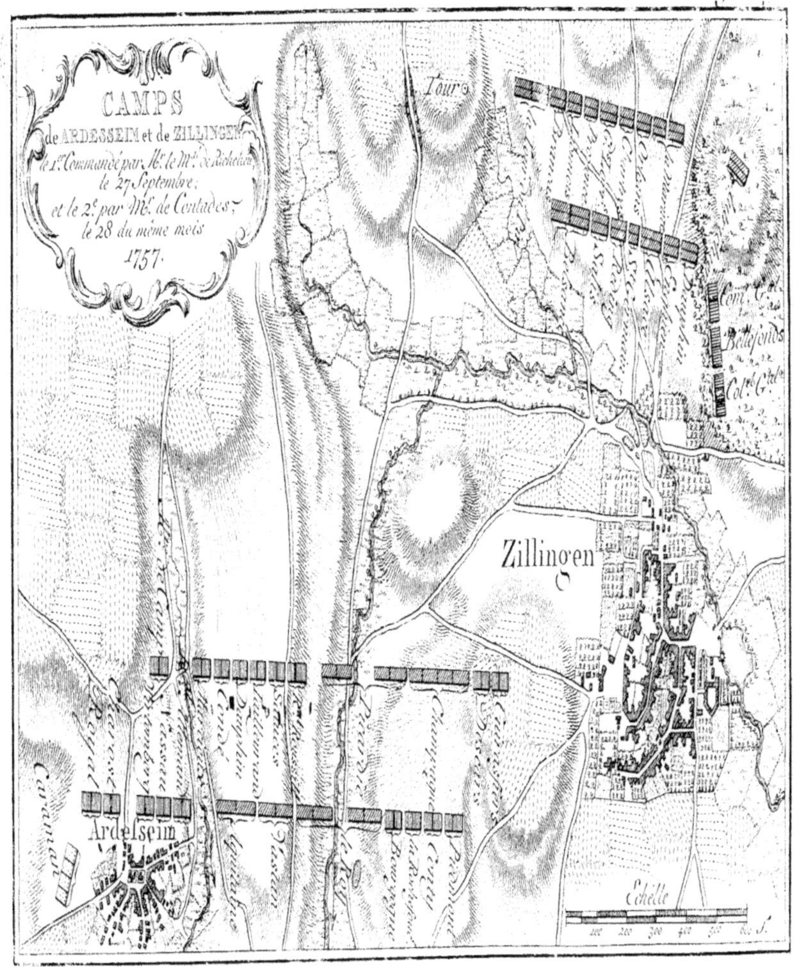
CAMPS
de ARDESSEIM et de ZILLINGEN
le 1.er Commandé par M.r le M.al de Richelieu,
le 27 Septembre;
et le 2.e par M.r de Contades,
le 28 du même mois
1757.
Tour.º
Cem.º
Belesfonds
Col.el G.al
Zillingen
Ardelseim
Caranat
Echelle
100   200   300   400   500   600 T.

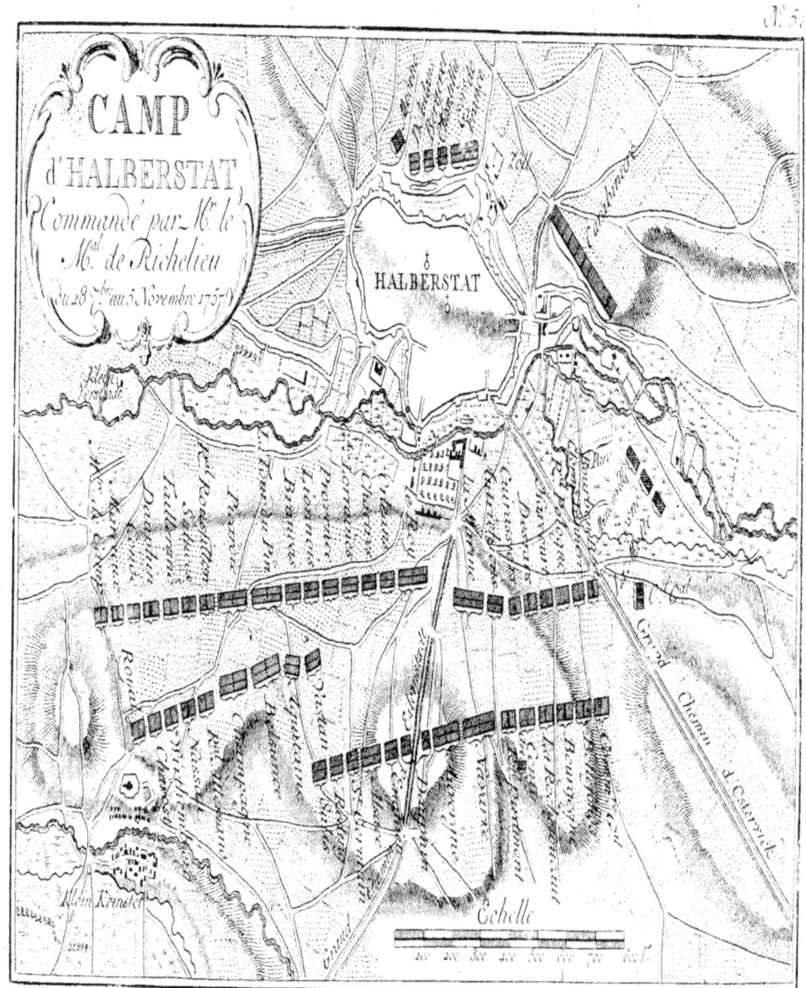

CAMP
d'HALBERSTAT
Commandé par Mr. le
Mal. de Richelieu
du 28 9bre au 5 Novembre 1757.
HALBERSTAT
Grand Chemin d'Osterwick
Klein Kranstet
Echelle
100 200 300 400 500 600 700 Toises

PLAN
du PASSAGE DE L'ALLER,
Execute par L'Armée aux
ordres de M.º le M.ªl de
Richelieu le 20.º X.ᵇʳᵉ
1757
Echelle
1. Armée Francoise
2. Armée der Alliés
3. Ponts de Pontons fur la Fuse
4. Pont de Schafferei
5. Fauxbourg Nienbourg
6. Fauxbourg de Lunebourg
7. Pont d'Alten Zell
8. Pont de Swakhusen
9. Pont de la Ville par le
   quel M.º le M.ªl D'Auvet
   a debouché
10. Pont de Wienhausen
Dämenors
Gros Helen
Vorweck
Altenhagen
Klein Helen
Alter Fr.
Schafferei
ELL
Lietenhausen
Riviere de Lacht
Alten Zell
Kristophaus
Lactendorff
Larmssen
Ansbeck
West Zell
Osterloh
Turburg
Klein Ottenhausen
Oppershausen
Swaghusen
Ruines
d'Alten
Schloss
Wienhausen
Gros
Ottenhausen
Benenbostel
Beckels Kamp
Offensen

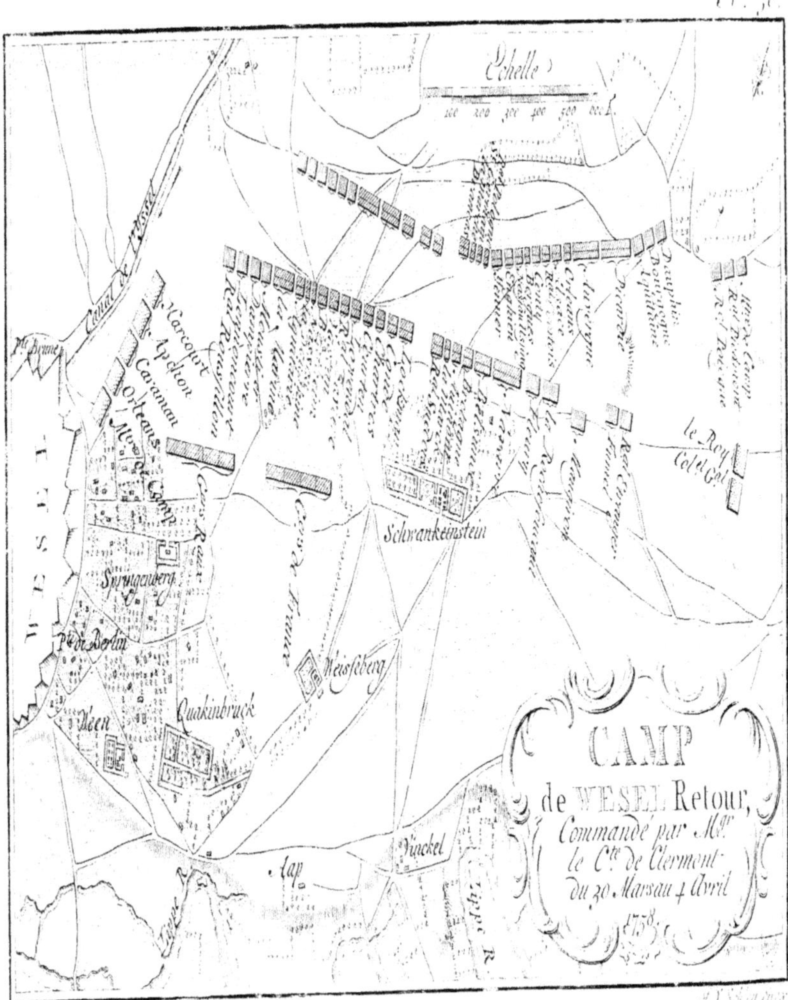

Echelle
WESEL
Pt Brune
Canal de Lippe
Harcourt
Apchon
Cavaman
Orleans
Mr. de Camp
Springenberg
Pt de Berlin
Meen
Quakinbruck
Weisseberg
Schwankeinstein
Vinckel
Cap
le Roy
Col d G.el
CAMP
de WESEL Retour,
Commandé par Mgr
le Cte de Clermont
du 30. Marsau 4 Avril
1758

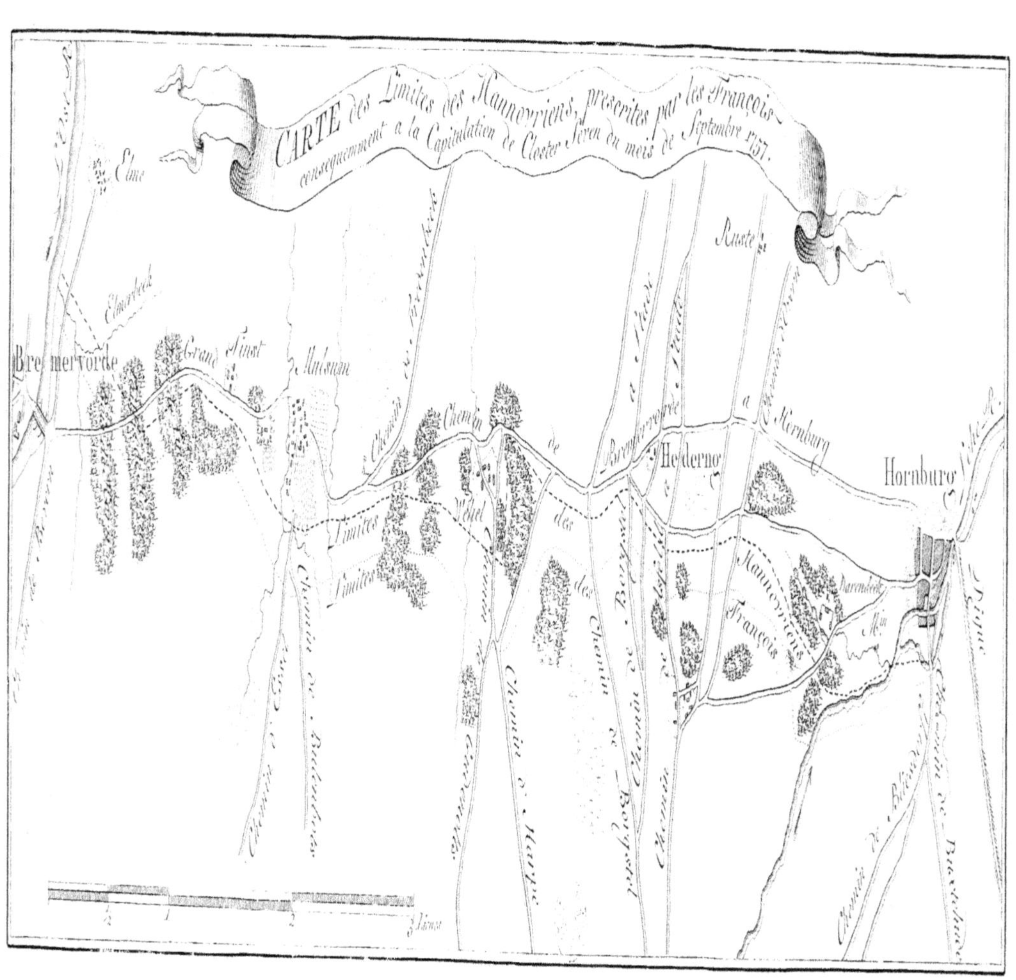

CARTE des Limites des Hannovriens, prescrites par les François
consequemment a la Capitulation de Closter Seven du mois de Septembre 1757.
Elme
Elmbeck
Bremervörde
Grand Sinot
Anlsnan
Ruste
Hornburg
Hornburg
Heiderno
Darendeck
Limites
Limites
Chemin
Chemin
de
Bremperververe
Hannovriens
François
3 Lieues

PLAN
du Chateau d'HARBOURG,
Investi et assiegé par les Alliés
le 28 Novembre et rendu
le 31.e Decembre
1757.

Legende:
1. B.on Chretien_Louis.
2. B.on George Guillaume.
3. B.on Jean_Frederick.
4. B.on Ernest_Auguste.
5. B.on Henry_Frederick.
6. La Grande Ecluse.
7. Retranchemens faits par les françois en avant de l'Ecluse.
8. Logem.t de M.r le Comte de Schulembourg.
9. l'Ecluse Neuve.
10. Retranchemens faits par les françois en avant de l'Ecluse.
11. Logem.t du Commandant et du Bailif.
12. Logem.t d'Officiers.
13. Corps de Cazernes.
14. Arcenal. 15. Prisons.
16. Fleurs. 17. Magazins a Poudre.
18. Magazin au Bois.
19. Corps de Garde.
20. Magazin a Fourbes.
21. Ecuries.
22. Magazin a poudre souterrein dont les Voutes ont sauté.
23. Magazin a Pailles.
24. Magazin a Foin.
25. Traverses ou abbatis faites pendant le Siege.
26. Ponts sur la Seze rompus le jour de la Sommation.
27. Batteries qui ont commencé a tirer le 30 Nov.
28. Batteries qui ont commencé a tirer le 2.e Dec.
29. Batteries qui ont commencé a tirer le 18.e Dec.
30. Batteries qui ont commencé a tirer le 23.e Dec.

Seze R.
Partie de la Ville
Prairies coupées
Waeragans
Marais de
Chemin de Harbourg
Elbe R.
Marais

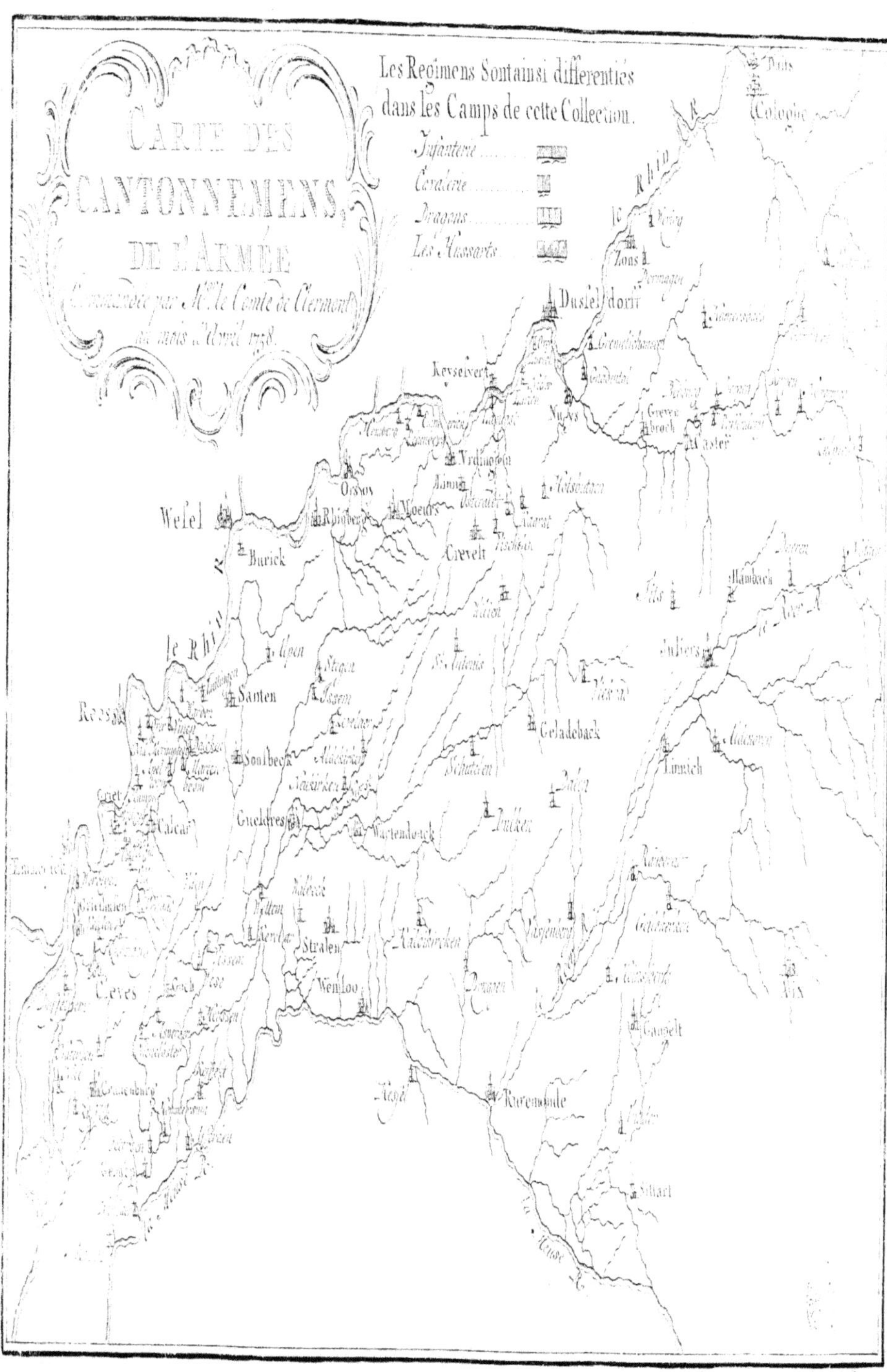

CARTE DES CANTONNEMENS, DE L'ARMÉE
Commandée par M. le Comte de Clermont au mois d'Avril 1758.
Les Regimens Sontainsi differenties dans les Camps de cette Collection.
Infanterie
Cavalerie
Dragons
Les Hussarts
Rhin
Puis
Cologne
Vring
Zons
Dormagen
Duselldorff
Grenadichausen
Keyseivert
Urdingen
Orsoy
Aunn
Aesoldern
Wesel
Rhinberg
Moeurs
Buerick
Creveld
Fischeln
Alten
Juis
Hambach
le Rhin
Alpen
St. Antonis
Juliers
Santen
Stegen
Issum
Geladebach
Ressen
Gordau
Aldenwich
Schicken
Baden
Lunnich
Soulbeek
Neuerken
Gueldres
Wartendouck
Lucken
Ravenur
Gereleren
Aix
Calcar
Adereck
Capemear
Geldern
Kerden
Lucesereken
Gampelt
Wemloo
Draven
Cleves
Masseu
Kappen
Regel
Rarementule
Sittart
la Meuse